Dagmar Giersberg

Und dann? 101 Ideen für den Ruhestand

Und dann?

101 Ideen für den Ruhestand

Dagmar Giersberg

3. aktualisierte Auflage

wbv

Gestaltung: Marion Schnepf, www.lokbase.com
Umschlagfoto: fotolia
Druck und Bindung: CPI books GmbH

ISBN 978-3-7639-5621-0
Printed in Germany

Bibliografische Information der Deutschen Nationalbibliothek
Die Deutsche Nationalbibliothek verzeichnet diese Publikation in der Deutschen Nationalbibliografie; detaillierte bibliografische Daten sind im Internet über http://dnb.d-nb.de abrufbar.

Inhalt

„Wollen wir vermeiden, dass das Alter zu einer spöttischen Parodie unserer früheren Existenz wird, so gibt es nur eine einzige Lösung, nämlich weiterhin Ziele zu verfolgen, die unserem Leben einen Sinn verleihen: hingebungsvolle Tätigkeiten für Einzelne, für Gruppen oder für eine Sache, Sozialarbeit, politische, geistige oder schöpferische Arbeit. Im Gegensatz zu den Empfehlungen der Moralisten muss man sich wünschen, auch im hohen Alter noch starke Leidenschaften zu haben, die es uns ersparen, dass wir uns nur mit uns selbst beschäftigen. Das Leben behält einen Wert, solange man durch Liebe, Freundschaft, Empörung oder Mitgefühl am Leben der anderen teilnimmt. Dann bleiben auch Gründe, zu handeln und zu sprechen."

Simone de Beauvoir: Das Alter

Ein Buch für Ideen-Entdecker

Das Buch, das Sie gerade in den Händen halten, ist aus einer Idee entstanden. Aus einer sehr einfachen Idee. Nämlich der Idee, Ideen weiterzugeben.

Überall wimmelt es von aktiven Menschen – von aktiven älteren Menschen. Sie haben ihr Leben nach Eintritt in die Rente neu geordnet. Sie haben Bilanz gezogen und sich gefragt, wie es nun weitergehen soll. Sie haben Ausschau gehalten – nach neuen Möglichkeiten, Verantwortung zu übernehmen. Sie haben überlegt, wo sie sich einbringen können. Sie haben schlummernde Talente ausgegraben und vom Staub befreit. Sie haben neue Wege gesucht, ihre Zeit zu gestalten. Und sie alle haben viele Ideen.

Doch Ideen entstehen nicht aus dem Nichts. Ideen sind nicht gern allein. Sie entstehen und gedeihen am besten zusammen mit anderen Ideen. Darum habe ich dieses Buch geschrieben.

Es versammelt eine Fülle von wunderbaren Ideen für die Gestaltung des Ruhestands. Jede einzelne kann ein gedankliches Sprungbrett für Ihre eigenen Ideen sein.

Vielleicht ist eine der vielen Tätigkeiten, die in diesem Buch beschrieben sind, genau die richtige für Sie. Vielleicht lesen Sie die Beschreibungen aber auch eher als eine Anregung und wachen dann eines Morgens mit der 102. Idee auf – mit Ihrer Idee für Ihre neue Lebensgestaltung.

Ich habe dieses Buch für alle älteren Menschen geschrieben, die nach einer neuen Aufgabe suchen. Für alle, die sich auf den Ruhestand vorbereiten möchten oder sich bereits im Ruhestand befinden. Für alle, die mit Sorge auf die Zeit nach dem Berufsleben blicken. Für alle, die voller Tatendrang nach neuen Perspektiven Ausschau halten. Für alle, die Ideen suchen.

Viel Spaß beim Stöbern und Finden wünscht Ihnen

Ihre
Dagmar Giersberg

Im Rentenalter
und voller Perspektiven

Das Alter ändert sich

Das Bild des Alters wandelt sich stark. Die steigende Lebenserwartung und die demografische Entwicklung hinterlassen deutliche Spuren und prägen bereits seit vielen Jahrzehnten ein neues Bild von der dritten Lebensphase.

Rentenalter mit Perspektiven

Die Zeiten, in denen das Rentenalter ein verhältnismäßig kurzer Abschnitt im Lebenslauf der Menschen war, sind lange vorbei. Dabei wird das Rentenalter heute keineswegs mehr als Lebensabend verstanden – als Zeitspanne, in der man sich zurücklehnt, das Erarbeitete genießt und das Leben ausklingen lässt.

Die neue Generation der Alten hat noch viel vor sich, wenn sie aus dem Beruf ins Leben entlassen wird.

Die Lebenserwartung steigt

Dass sich den Rentnerinnen und Rentnern von heute ganz andere Perspektiven bieten als vor 100 Jahren, liegt auf der Hand. Schließlich leben die Menschen immer länger.

Die Lebenserwartung in Deutschland ist in den letzten 100 Jahren um über 30 Jahre gestiegen. Das heißt: Wer heute in Deutschland geboren wird, wird im Durchschnitt mindestens 30 Jahre älter als noch seine Urgroßeltern. Die Lebenserwartung liegt bei Männern heute bei 77,7 Jahren, bei Frauen bei 82,8 Jahren.

Seit 1871 hat sich die Lebenserwartung der Neugeborenen damit fast verdoppelt. Damals konnten Jungen lediglich davon ausgehen, 39 Jahre alt zu werden, bei den Mädchen waren es im Durchschnitt 42,1 Jahre.

„Hundert Jahre für ein Menschenleben – jetzt ein mögliches Alter. Das war es in meiner Jugend nicht. Da hätte man von ‚biblisch' gesprochen." Silvia Bovenschen: Älter werden, S. 96

Wenn sich der Lebensstandard in Europa auf dem derzeitigen Niveau hält, wenn sich der medizinische Fortschritt weiter so rasant entwickelt und wenn weiterhin Frieden herrscht, dann prophezeien die Statistiker den Deutschen einen weiteren Anstieg der Lebenserwartung. Jungen, die im Jahr 2050 geboren werden, sollen 83,5 Jahre, Mädchen sogar 88 Jahre alt werden. In 100 Jahren werden die Europäer es als normal empfinden, den 100. Geburtstag feiern zu können.

„Das Lebensalter verändert sich in seiner Gewichtung. Der heute 70-Jährige ist noch kein Greis, was er vor 100 Jahren ohne jeden Zweifel war." Meinhard Miegel, Institut für Wirtschaft und Gesellschaft

Fernere Lebenserwartung

Für ältere Menschen ist vor allem die sogenannte fernere Lebenserwartung interessant. Diese Zahl gibt an, wie viele Lebensjahre eine 60-jährige Person im Durchschnitt noch vor sich hat. Auch die fernere Lebenserwartung steigt und steigt.

Zu Anfang des 20. Jahrhunderts konnten 60-jährige Männer und Frauen im Durchschnitt noch 13,1 bzw. 14,2 Lebensjahre erwarten. Im Jahr 1998 waren es bereits 19,2 bzw. 23,5 weitere Lebensjahre.

Das Statistische Bundesamt geht davon aus, dass sich die fernere Lebenserwartung weiter erhöht: Im Jahr

2050 können Männer und Frauen im Alter von 60 Jahren erwarten, durchschnittlich noch 23,7 bzw. 28,2 weitere Jahre zu leben.

Das bedeutet: neue Chancen. Wer damit rechnen kann, nach Eintritt ins Rentenalter weitere 20 Jahre leben zu können, plant diese Zeit anders als Menschen, die auf weitere fünf Jahre hoffen. Wer heute in Rente geht, tut dies mit großen Erwartungen an die Zukunft.

Das Berufsleben endet früh

Dass das Rentenalter im Vergleich zur Lebenszeit immer länger wird, liegt aber nicht nur an der steigenden Lebenserwartung. Es liegt zudem daran, dass die Menschen immer früher aus dem Berufsleben aussteigen.

Dem offiziellen Renteneintrittsalter von 67 Jahren steht eine Zahl gegenüber, die für die Beschreibung der heutigen Lebenswelt weit aussagekräftiger ist: das tatsächliche Renteneintrittsalter.

Tatsächliches Renteneintrittsalter

Die Zahl der älteren Erwerbstätigen ist in den letzten Jahren in Deutschland deutlich gestiegen. Dennoch gehen zahlreiche Arbeitnehmerinnen und Arbeitnehmer deutlich früher in Rente als offiziell vorgesehen. So liegt das tatsächliche Renteneintrittsalter in Deutschland bei 61,7 Jahren. In Österreich gehen Männer und Frauen im Durchschnitt bereits mit 60,9 Jahren in Rente.

In Deutschland liegt die Erwerbstätigenquote der Älteren deutlich über dem EU-Durchschnitt. Heute sind 61,5 Prozent der Deutschen im Alter von 55 bis 64 Jahren erwerbstätig.

Die Gründe für das vorzeitige Ausscheiden aus dem Berufsleben sind ganz unterschiedlich. Es sind keineswegs nur Krankheiten oder Arbeitslosigkeit dafür verantwortlich. Viele Menschen entscheiden sich bewusst und freiwillig für den vorgezogenen Ruhestand.

Viel Zeit zum Gestalten

Die Folgen für den Einzelnen sind klar: Der Zeitraum zwischen Berufs- und Lebensende verlängert sich. Der neue Lebensabschnitt kann je nach persönlicher Situation gut 20 oder 30, sogar 40 Jahre lang dauern. Damit dauert das Rentenalter heute mitunter genauso lange wie das Berufsleben. In jedem Fall ist es eine lange Zeit – und viel zu viel Zeit, um sie untätig zu verbringen.

Die Bevölkerung altert

Spannend ist in diesem Zusammenhang auch der Blick auf die demografische Entwicklung in Deutschland. Die Statistiker sagen für das Jahr 2050 voraus, dass jeder Dritte 60 Jahre oder älter sein wird.

Das ist – im Vergleich zu den Zahlen von vor 50 Jahren – eine radikale Veränderung. Damals war lediglich jeder Siebte im Seniorenalter.

Krieg der Generationen?

Diese Entwicklung ist leider immer wieder zum Anlass genommen worden, Horrorszenarien zu entwerfen. Selbst ein Krieg der Generationen wurde heraufbeschworen.

Hier sollen die Prognosen über die altersmäßige Entwicklung unserer Bevölkerung aus einem anderen Blickwinkel betrachtet werden.

„Ob das Zusammenleben der Generationen in Zukunft friedlich verläuft, hängt davon ab, ob es gelingt, die lähmende wie die lärmende Ruhestandsideologie zu überwinden. [...] Die Neigung der Jüngeren, den Älteren nichts mehr zuzutrauen, muss dringend verschwinden. Aber noch dringender die

Vorstellung, ein Dasein der totalen Muße sei gesund. Zu tun gibt es in dieser Gesellschaft Gott sei Dank genug, auch jenseits der 50, 60, 65 oder 67.“ Susanne Gaschke: Furchtbar rüstig, in: DIE ZEIT, 1. 3. 2007

Die Alten werden gebraucht

Die Gesellschaft der Zukunft wird in viel stärkerem Maße als bisher von den Potenzialen und Fähigkeiten der Älteren getragen werden. Oder anders: Unsere Gesellschaft wird es sich nicht mehr leisten können, auf die Leistungen, das Engagement und die Verantwortung der Älteren zu verzichten.

„Erfahrung und Lebensleistung wertzuschätzen und der Gestaltungskraft älterer Bürgerinnen und Bürger für unsere Gesellschaft besser zur Geltung zu verhelfen, sind zentrale Grundlagen für das Zusammenleben der Generationen.“ Manuela Schwesig, Bundesfamilienministerin

Der Einzelne ist länger fit

Nur gut, dass die jungen Alten heute noch jede Menge Energie haben. Die über 60-Jährigen sind heute sowohl geistig als auch körperlich fitter denn je. Mit dem Rentenalter beginnt für sie eine neue, aktive Lebensphase. Sie treiben Sport, bilden sich weiter, frönen ihren Hobbys, reisen durch die Welt etc.

Die US-Amerikanerin Nola Ochs schließt im Alter von 95 Jahren – übrigens gemeinsam mit ihrer 21-jährigen Enkelin – ihr Studium erfolgreich ab. Ihr Kommentar: „Ich wollte immer schon studieren.“

Der Brite Robin Knox-Johnston segelt mit seinen 67 Jahren allein um die Welt. Sein Kommentar: „Dass man über 65 ist, heißt doch nicht, dass das Gehirn zu Haferbrei geworden ist, dass man jedes Mal beim Treppensteigen einen Herzinfarkt bekommt.“

Noch nie gab es so viele gesunde und leistungsfähige Senioren wie heute.

Die Rente reicht nicht immer

Eine längere Lebenszeit, ein längeres Rentenalter, mehr Gewicht im gesellschaftlichen Gefüge und größere Leistungsfähigkeit – das sind durchaus positive Entwicklungen für die Älteren.

Sozialsysteme geschwächt

Daneben gibt es auch eine negative Entwicklung, die sich in den nächsten Jahrzehnten wohl noch verschärfen wird. Sie hängt mit dem demografischen Wandel zusammen und mit seinen Auswirkungen auf die Sozialsysteme.

Leider ist es für die heutigen und vor allem für die zukünftigen Ruheständlerinnen und Ruheständler keineswegs selbstverständlich, dass ihre Rente für eine entspannte dritte Lebensphase ausreicht.

Zur Rente hinzuverdienen

Viele Rentnerinnen und Rentner werden nach dem Ausstieg aus dem Berufsleben aktiv bleiben müssen, ganz schlicht um ihre Rente aufzubessern. 2014 waren laut Statistischem Bundesamt 966.000 Menschen im Alter von über 65 Jahren noch berufstätig; das sind dreimal so viele wie 1991. Dabei arbeiten die meisten Rentner zwischen fünf und zehn Stunden pro Woche.

→ Was Sie beim Hinzuverdienen zur Rente beachten müssen, erfahren Sie auf Seite 38 ff.

Kreativität und Innovationsfreude sind keine Privilegien der Jugend

Auf die Frage „Was können denn die Älteren noch leisten?" gibt es eine einfache Antwort: im Prinzip alles. Denn Talente und Qualifikationen kennen keine Altersgrenze.

Alter ist kreativ

Es steht außer Frage, dass Menschen auch im Alter überaus kreativ sein können. Beispiele dafür gibt es zuhauf.

Der Schriftsteller Martin Walser ist gerade 88 Jahre alt und denkt nicht im Geringsten daran, mit dem Schreiben aufzuhören. Der Künstler Gerhard Richter malt auch mit 83 noch weiter. Und die 77-jährige Karikaturistin Barbara Henniger kommentiert immer noch jeden Tag das politische Geschehen. Auf die Frage, wann eine Karikaturistin aufhört zu zeichnen, antwortet sie: „Wenn sie aufhört zu denken."

Dass Kreativität landläufig mit Jugendlichkeit in Verbindung gebracht wird, ist dennoch verständlich. Denn Kreativität erfordert einen regen, jugendlichen Geist. Doch den zu haben ist – das wiederum wird leicht vergessen – durchaus keine Frage des Alters, sondern eine Frage der Persönlichkeit.

Alter ist dynamisch und innovativ

Elisabeth Niejahr legt in ihrem Buch „Alt sind nur die anderen" eindrucksvoll dar, wie realitätsfern und verschroben das Bild vom Altern und vom Alter mitunter in der deutschen Gesellschaft ist.

Sehr deutlich zeigt sich das daran, dass das Potenzial für Dynamik und Innovation fast ausschließlich mit Jugend assoziiert wird. Beispielhaft zitiert Niejahr dazu Aussagen von namhaften Wirtschafts- und Sozialwissenschaftlern sowie Politikern, die Altern mit nachlassender Dynamik gleichsetzen.

Dabei entbehrt das Bild von den Älteren als Innovationsbremse aus wissenschaftlicher Sicht jeder Grundlage. Die Forscher im In- und Ausland konnten bislang keinen unmittelbaren Zusammenhang zwischen Jugendlichkeit und Innovationskraft nachweisen. Eine Studie des Bundesministeriums für Bildung und Forschung hat übrigens – so berichtet Niejahr – gezeigt, dass alte Menschen in vielen Betrieben „zu den Innovationsmotoren und Ideengebern" gehören.

„Das höhere Lebensalter schließt Innovationsfähigkeit und Kreativität nicht aus, sondern diese bleiben – im Falle günstiger Entwicklungsbedingungen im Lebenslauf – bis in das hohe Lebensalter erhalten." Andreas Kruse, Direktor des Institutes für Gerontologie der Universität Heidelberg

Schöpfungskraft ist keine Frage des Alters, sondern vielmehr eine Frage des Trainings. Wer in seinem aktiven Berufsleben stets gewohnt war, Neues zu entdecken, aufzunehmen und weiterzuentwickeln, wird diese Fähigkeit nicht von selbst, allein durchs Älterwerden verlieren.

Stiftung Kreatives Alter

Dass Kreativität und Alter sich nicht widersprechen, meint auch Hans Vontobel, der Gründer der Stiftung Kreatives Alter, und nennt Gottfried Keller, Ella Fitzgerald, Pablo Picasso, Mutter Teresa oder Auguste Piccard als leuchtende Beispiele.

Die Stiftung wurde im Jahr 1990 mit dem Zweck gegründet, Seniorinnen und Senioren zu ermutigen, kreativ zu sein und zu bleiben. Sie gibt Menschen, die in ihrer späteren Lebensphase schöpferisch tätig sind, eine Plattform für ihre Aktivitäten – und zwar mit einem Wettbewerb.

Seit 1990 veranstaltet die Stiftung Kreatives Alter alle zwei Jahre ein Preisausschreiben. Die insgesamt zur Verfügung stehende Preissumme beträgt 200.000 Schweizer Franken. Beteiligen können sich Einzelpersonen oder Gruppen aus allen Ländern. Alle Teilnehmer müssen allerdings über 70 Jahre alt sein. Die Themenauswahl ist breit gefasst, ausgeschlossen ist allein die bildende Kunst. Folgende Bereiche sind vertreten:

- Romane, Novellen, Sammlungen von Kurzgeschichten oder Gedichten
- Theaterstücke, Hörspiele, Kabarettprogramme, Filmdrehbücher
- Autobiografien, Biografien
- Wissenschaftliche Abhandlungen jeder Fachrichtung
- Forschungsergebnisse
- Allgemein verständliche Darstellungen eines Themas oder Themenkreises
- Musikalische Kompositionen
- Musikalische Darbietungen von Amateuren, Solo- oder Ensemblespiel
- Theateraufführungen von Laienspielgruppen oder Laienkabaretts

Ansprechpartner

Nähere Informationen zur Arbeit der Stiftung und zu den Teilnahmebedingungen für den Wettbewerb erhalten Sie bei der

STIFTUNG KREATIVES ALTER
Tödistrasse 17, 8002 Zürich, Schweiz
Postfach 2999, 8022 Zürich, Schweiz
Tel.: +41 (0) 58 / 283 50-05, Fax: +41 (0) 58 / 283 50-06
kreatalter@vontobel.ch, www.stiftung-kreatives-alter.ch

Interview

„Menschen sind mein Lebensglück"

Der ehemalige Bremer Bürgermeister Henning Scherf hat in seinem Buch „Grau ist bunt" beschrieben, wie ein kreatives und dynamisches Leben im Alter aussehen kann. Im Gespräch hat er sich darüber geäußert, was alles im Alter möglich ist.

Herr Scherf, viele Menschen verbinden mit Alter Lebensende, Anderen-zur-Last-Fallen oder Einsamkeit. Was bedeutet Alter für Sie?
Henning Scherf: Alter bedeutet für mich: neue Freiheit und ein neues Leben beginnen. Aber mit dem Alter verbinde ich auch große Möglichkeiten, etwas von dem an andere weiterzugeben, was man sich im lebenslangen Prozess des Arbeitens, Erfahrungensammelns und Lernens angeeignet hat.

Wie lautet Ihr Rezept für glückliches Älterwerden?
Ein Rezept habe ich nicht. Aber ich komme gut damit klar, dass ich so viele Menschen wie möglich um mich herum versammle und mich mit ihnen neu auf gemeinsame Aufgaben und gemeinsame Entdeckungen konzentriere. Menschen sind mein Lebensglück.

In Ihrem Buch „Grau ist bunt" beschreiben Sie kurz das Leben im Rentnerparadies Miami Beach. Warum finden Sie das Leben, das viele Menschen dort führen, nicht erstrebenswert?
Dieses Leben lebt von einer Fantasie: Hauptsache, man ist unter der Tropensonne und lässt sich dann den ganzen Tag braun brennen. Dafür geben diese Menschen alles auf. Sie verlassen alles, was sie ihr Leben lang dort an Netzwerken aufgebaut haben, wo sie gearbeitet und gelebt haben. Und dann landen sie an einem Platz, wo sie keine Aufgaben und keine aktiven Rollen haben, wo sie nur Konsumenten sind. Das ist trostlos.

Können Sie uns erklären, warum der klassische Ruhestand Ihrer Meinung nach ausgedient hat?
Ich glaube, der klassische Ruhestand ist eine Fantasie von Leuten, die unter der Arbeit stöhnen. Sie sagen sich: „Irgendwann muss ich das alles nicht mehr machen, und dann kann ich richtig faul sein."

Die Wahrheit ist aber, dass das Leben von Anregungen geprägt ist. Nichtstun disqualifiziert. Wer keine Anregungen mehr an sich rankommen lässt, wer keine Aufgaben mehr übernimmt, wer andere Menschen nicht mehr als Herausforderung annimmt, der macht sich immer einsamer und kompetenzloser.

Darum ist diese Fantasie von gestressten 40-Jährigen völlig verschieden von dem, was für die Zeit nach der Arbeit eigentlich zu wünschen und zu hoffen ist: nämlich dass man seine Freiheit gestalten kann, dass man sich kümmern kann, dass man sich auf Leute zu bewegen kann, dass man sich einmischen kann – und sich wirklich lebendig hält. Das tut Seele und Körper gleichermaßen gut.

Wie gestalten Sie Ihren Ruhestand?
Da lesen Sie am besten mein Buch! Dann wissen Sie, was ich alles mache.

Warum ist es für Sie wichtig, Verantwortung zu übernehmen?
Weil ich mich dann auch selber mit meiner eigenen Rolle identifizieren kann. Es ist für mein Selbstverständnis, für mein Ego, ja für meine Existenz wichtig, dass ich von anderen wahrgenommen, gemocht, gebeten und beteiligt werde. Wenn mir das alles weggenommen wird, lande ich in Isolationshaft. Das geht schlecht aus.

Ist Arbeit – im Sinne von Engagement für Andere oder für eine bestimmte Sache – für Sie der Sinn des Lebens?
Das ist nicht der einzige, aber ein wichtiger Teil.

Sie sind als Politiker auch nach dem Ausstieg aus Ihrem Beruf weiterhin viel gefragt. Damit sind Sie aber in einer besonderen, privilegierten Situation. Die meisten Rentner und Rentnerinnen müssen sich erst zu gefragten Menschen machen. Wie kann das gelingen?

Man muss sich auf andere zu bewegen. Man muss darauf aufmerksam machen, dass man noch Kraft, Energie und auch Zeit hat, anderen beizuspringen. Das gelingt auch ganz vielen, die nichts mit Politik zu tun haben.

Dass ich jede Woche in eine Grundschule gehe und vorlese, das hat zum Beispiel nichts mit Politik zu tun. Das mache ich zusammen mit langzeitarbeitslosen Frauen. Das Schöne ist, dass die Kinder mich mögen und dass ich gern mit den Kindern zusammen bin.

Man muss nur den Schritt auf solche Orte zu machen und sagen: „Ich würde gerne bei euch regelmäßig aufkreuzen und mit anpacken.“ Dann – so ist meine Erfahrung – heißt es in der großen Überzahl der Fälle: „Oh, das ist aber eine schöne Idee.“

Das ist kein Privileg der Politiker. Im Gegenteil: Politiker sind oft diejenigen, die sich nicht wirklich trennen von ihrer traditionellen öffentlichen Rolle. Die denken, das geht immer so weiter. Man kommentiert die Tagespolitik, gibt irgendwelche Prognosen ab und ist der große Elder Statesman.

Das ist nicht mein Interesse. Ich möchte ganz normal, ganz alltäglich zwischen Menschen sein, die eben mehr wollen als nur die Meinung eines Politikers nachvollziehen.

„Die Vernetzung der Generationen, das ist die Zukunft“, schreiben Sie in Ihrem Buch. Wie können denn solche Vernetzungen entstehen?

Man muss attraktive Plätze entwickeln, an denen das möglich ist. Als Beispiel nenne ich immer die Bremer Heimstiftung, von der ich sehr überzeugt bin. Sie baut seit

Jahren Dörfer in der Stadt. In diesen Stiftungsdörfern ist immer Platz für die Älteren und immer Platz für Kinder.

So stelle ich mir generationsübergreifende Projekte vor: Dort macht es für jede Generation viel Sinn, mit den anderen zusammenzuarbeiten. Sie lernen von den anderen, lassen sich von ihnen anregen und kommen so voran. Gleichzeitig kommen sie von dieser schrecklichen, fernsehdominierten Konsumentenhaltung weg zu eigenen interaktiven Selbst- und Rollenverständnissen.

Lernen Sie noch etwas Neues?

Ja, klar! Ich habe mit dem Orgelspielen angefangen. Ich besuche eine Aquarell-Malklasse und habe angefangen, kochen zu lernen. Außerdem habe ich gar nicht gewusst, dass ich Bücher schreiben kann. Ich bin ständig dabei zu lernen.

Ich mache zum Beispiel auch einen Gesprächskreis, in dem wir auf Englisch über aktuelle Zeitthemen streiten und dabei von einer englischen Lehrerin korrigiert werden. Das sind alles Neuentdeckungen.

Welche Rolle wünschen Sie sich für die Alten in unserer Gesellschaft?

Ich wünsche ihnen eine zentrale Rolle, in der Mitte der Gesellschaft. Sie sollen an allem teilnehmen und ernst genommen werden – und den dämlichen Spruch „Trau keinem über 30" durch ihre Existenz und ihre Lebendigkeit täglich widerlegen.

Zur Person

Henning Scherf, geb. 1938, wurde im Alter von 25 Jahren Mitglied der SPD und zog 1975 in die Bremer Bürgerschaft ein. Er war lange Jahre Bildungs-, dann auch Justizsenator und wurde schließlich 1995 Bürgermeister. Im November 2005 übergab der promovierte Jurist das Amt an seinen Nachfolger. Hennig Scherf ist verheiratet, hat drei Kinder und ist mehrfacher Großvater. Er lebt in der wohl berühmtesten Alten-Wohngemeinschaft Deutschlands.

Lesenswert

Henning Scherf: Grau ist bunt. Was im Alter möglich ist. Herder Verlag, Freiburg i.Br. 2014 (7. Auflage)

→ Nähere Informationen zur Bremer Heimstiftung finden Sie im Internet unter *www.bremer-heimstiftung.de.*

Neue Aufgaben schützen vor dem Rentenloch

Wenn die große Freiheit zum Albtraum wird

Viele Berufstätige sehnen den Moment ihrer Pensionierung schon Jahre im Voraus herbei. Endlich: Der letzte Arbeitstag ist vorbei, sie sind im Ruhestand angekommen – in der großen Freiheit, im ewigen Urlaub. Sie haben Zeit ohne Ende. Und es lauert weit und breit kein Stress.

Doch was aus der Ferne wie ein Traum klingt, kann schnell zum Albtraum werden. Denn die Umstellung vom Arbeitsleben auf den Ruhestand ist alles andere als einfach. Allzu viel Ruhe, allzu viel Zeit und allzu wenig Termine können auf Dauer ebenso belastend sein wie die Anspannung, die Hektik und der Leistungsdruck im Berufsalltag.

Viele Rentnerinnen und Rentner, die ihre Freiheit in der ersten Phase ihres neuen Lebensabschnittes in vollen Zügen genießen, fallen schon kurze Zeit später in ein Loch. Nach dem Gefühl der Befreiung, vielleicht sogar der Euphorie, kommt häufig eine Phase der Desorientierung, der inneren Leere, der Perspektivlosigkeit, der Frustration, der Langeweile.

Was noch tun, wenn der Garten auf Vordermann gebracht und die Urlaubsfotos der letzten Jahre bestens geordnet ist? Was noch tun, wenn die ersten herbeigesehnten Reisen vorbei und die lang aufgeschobenen Besuche bei Freunden absolviert sind?

Vor dem Rentenloch ist niemand vollkommen sicher. Doch es gibt einen guten Schutz: Schmieden Sie rechtzeitig Pläne für Ihr Leben im Ruhestand und suchen Sie sich eine Aufgabe!

Wichtig ist auch, dass Sie sich auf Ihre neue Lebenssituation vorbereiten. Je früher, desto besser. Im Idealfall setzen Sie sich schon während der letzten Berufsjahre mit dem Danach auseinander.

Vielfach geschieht dies – wenn überhaupt – nur in finanzieller Hinsicht. Doch das allein reicht nicht aus. Der Übergang in eine neue Lebensphase ist keine Kleinigkeit.

Vieles ändert sich im Ruhestand

Mit Eintritt in den Ruhestand wird vieles anders. Bereiten Sie sich darauf im Geiste schon einmal vor.

„Ein erster Schritt der Vorbereitung ist es, sich klarzumachen, wie stark das Leben sich ändern wird." Ursula Lehr, Professorin für Alternsforschung, ehemalige Bundesfamilienministerin, Autorin des Buchs „Psychologie des Alterns"

Einen Rhythmus finden

Die Arbeit hat zuvor Ihr Leben zu großen Teilen strukturiert. Jetzt müssen Sie jedem Tag selbst einen Rhythmus geben.

Die Arbeit hat Sie in die Gesellschaft integriert. Sie hatten regelmäßig Kontakt zu Kollegen und Vorgesetzten, zu Kunden und Dienstleistern. Sie waren ein Teil eines Ganzen. Sie gehörten dazu – ganz automatisch. Sie hatten ein Umfeld, in dem Sie Ihre feste Position hatten.

Dieses Umfeld fällt mit dem Eintritt in die Rente weg. Nun liegt es an Ihnen, sich ein neues Umfeld aufzubauen und sich selbst einen neuen festen Platz zu geben.

Erfolgserlebnisse schaffen

Ihr Arbeitsleben hat Ihnen laufend kleine und große Erfolgserlebnisse beschert. Sie haben etwas geleistet, produziert, geschaffen, konzipiert, fertiggestellt, erledigt. Es gab sichtbare Produkte und Ergebnisse, nachweisbare Erfolge. Sie haben positive Rückmeldungen, Lob und

Anerkennung bekommen. Sie hatten das Gefühl, gebraucht zu werden.

Nun ist an Ihnen, einen Bereich zu finden, in dem Sie solche oder andere Erfolgserlebnisse genießen können.

„Ich hatte zum Beispiel gehofft, den Verlust von Anerkennung für Geleistetes und den Verlust sinnstiftender Tätigkeit durch meine außerberuflichen Interessen ausgleichen zu können. Denn zum Glück habe ich mich schon während meiner Berufstätigkeit immer mit anderen Sachen befasst, etwa dem Malen und dem Schreiben. Eigentlich hatte ich gedacht, diese Interessen würden mich tragen. Aber ich muss gestehen, sie waren nicht ausreichend. Sie haben mir nicht die Bestätigung gebracht, die mir seit meinem Berufsausstieg fehlte – nämlich ein gewisses Maß an sozialer Anerkennung." Herb Stumpf, Autor des Buches „Ausstieg mit Mitte 50", der angehende Ruheständler beim Übergang in die neue Lebensphase berät

Im Berufsalltag waren Sie immer wieder mit neuen Aufgaben, Entwicklungen und Erlebnissen konfrontiert. Sie mussten reagieren und sich auf Neues einstellen. Und so sind Sie flexibel geblieben. Vielleicht war Ihr Beruf auch mit viel körperlicher Bewegung verbunden. Das hat Sie fit gehalten. Nun müssen Sie, um weiterhin geistig und körperlich beweglich zu bleiben, selbst nach neuen Herausforderungen und Anforderungen suchen.

Partnerschaft neu definieren

Während Ihrer Berufstätigkeit haben Sie einen Großteil Ihrer Zeit am Arbeitsplatz und damit getrennt von Ihrem Partner verbracht. Jeder von Ihnen hat im Beruf den Tag über etwas erlebt, worüber man sich am Abend austauschen konnte.

„Oftmals ist – wenn man in den Ruhestand geht – der Anspruch an den eigenen Partner auf einmal sehr groß. Und ob

der Partner diese Ansprüche alle erfüllen kann und will, ist wirklich eine große Frage.“ Gerda F. (61)

Nun sind Sie und Ihr Partner in Rente. Plötzlich verbringen Sie den ganzen Tag miteinander. Und damit steigt die Gefahr, sich auf die Nerven zu gehen, deutlich. Beide müssen sich an die neue Situation gewöhnen und neue Wege des Zusammenlebens finden.

Das sind nur vier von vielen möglichen Veränderungen, mit denen Sie im Ruhestand zurechtkommen müssen. Und das gelingt leichter, wenn Sie sich gezielt auf Ihren neuen Lebensabschnitt vorbereiten.

Sich auf die neue Situation vorbereiten

Die geistige Vorbereitung auf das Leben im Ruhestand kann schon früh beginnen. Am besten bereits einige Jahre vor der Pensionierung.

Wichtig ist, dass Sie sich selbst mit dem Thema gedanklich auseinandersetzen. Verdrängen Sie Ihre Ängste nicht, versuchen Sie aber zugleich, neue Perspektiven zu entwickeln. Das kann zunächst in einer Art Selbstbefragung geschehen.

Die folgenden Fragen können Ihnen dabei helfen. Lassen Sie sich Zeit zum Nachdenken. Schreiben Sie alles auf, was Ihnen spontan, aber auch nach längerem Nachdenken zu den Fragen einfällt.

- Wie wird sich mein Alltag durch den Wegfall des Berufs verändern?
- Was hat mir an meinem Beruf und meinem Berufsalltag gefallen?
- Was würde ich davon gern in den Ruhestand übernehmen?
- Was brauche ich, um zufrieden zu sein?

- Was würde ich gern noch erreichen?
- Welchen Dingen sehe ich mit Unbehagen entgegen?
- Was könnte mir den Übergang vom Berufsalltag zum Ruhestand erleichtern?
- Womit möchte ich meine Freizeit hauptsächlich verbringen?
- Was erwarte ich von meiner Zukunft?
- Was ist mein größter Wunsch für die neue Lebensphase?
- Wie halte ich mich geistig fit?
- Wie kann ich neue Kontakte knüpfen?

→ Weitere Anregungen finden Sie auch im Interview auf Seite 31 ff.

Hilfreich sind auch Gespräche mit dem Partner, mit der Familie, mit Freunden und Bekannten. Sie können sich auch mit ehemaligen Kollegen, die sich schon seit einiger Zeit im Ruhestand befinden, austauschen und von deren Erfahrungen profitieren.

Seminare besuchen

Nehmen Sie ruhig auch professionelle Hilfe in Anspruch. Einige große Firmen bieten ihren Mitarbeitern Seminare für den Ausstieg aus dem Arbeitsleben an. Daneben haben auch Wohlfahrtsverbände, kirchliche Einrichtungen, Volkshochschulen und Familienbildungsstätten Beratungsprogramme und Seminare für angehende Rentner im Angebot.

→ Wo Sie Seminare in der Nähe Ihres Wohnortes finden, erfahren Sie bei den Seniorenbüros in Ihrer Nähe (Seite 178).

Interview

„Viele Menschen planen den nächsten Jahresurlaub besser als ihre nachberufliche Zukunft"

Ursula Lenz von der Bundesarbeitsgemeinschaft der Senioren-Organisationen hat jahrelang an der Volkshochschule sowie für einen großen Versicherungskonzern Seminare zur Vorbereitung auf den Ruhestand durchgeführt. Im Gespräch erzählt sie von ihren Erfahrungen.

Frau Lenz, Sie haben viele Jahre lang in Seminaren Menschen auf das Leben im Ruhestand vorbereitet. Hatten sich Ihre Seminarteilnehmer vorher schon mit dem Thema auseinandergesetzt?

Ursula Lenz: Das war ganz unterschiedlich. In meinen Volkshochschulkursen gab es durchaus viele, die sich vorher mit der Frage beschäftigt hatten: „Wie soll mein Leben aussehen, wenn ich nicht mehr arbeite?" Sie hatten das Thema bereits in der Familie oder im Freundeskreis besprochen.

In die Seminare, die ich für Firmen angeboten habe, sind viele zunächst nur gekommen, weil der Abteilungsleiter sie geschickt hatte. Dort habe ich auch gehört: „Ich will mir keine Gedanken über mein Leben im Ruhestand machen. Warum problematisiert ihr Pädagogen immer alles? Das wird sich schon ergeben."

Hat sich diese Einstellung im Laufe der Seminare geändert?

Vielen wurde während des Seminars bewusst, dass sie eine sehr lange Lebensspanne vor sich haben. Sie haben bemerkt, dass es durchaus sinnvoll ist, sich darüber Gedanken zu machen, wie sie diese Phase gestalten können, und dass es eben nicht genügt zu sagen: „Im Ruhestand mache ich, was bislang immer liegen geblieben ist."

Warum?
Fotos sortieren, den Partykeller ausbauen, ein Kompostbeet anlegen – das sind in der Regel Aktivitäten, die auf eine gewisse Zeit befristet sind. Nach einem halben Jahr ist alles erledigt, und dann tritt eine Leere ein.

Welche Ängste hatten Ihre Seminarteilnehmer?
Ihre größte Angst war es, in einen „Schlendrian" zu geraten – nicht mehr zeitig aufzustehen, sich nicht mehr vernünftig anzuziehen. Viele hatten auch Angst, geistig abzubauen, wenn sie nicht mehr gefordert sind. Und tatsächlich ist ja erwiesen, dass Funktionen und Fähigkeiten, die nicht gebraucht werden, verkümmern.

Ich arbeite auch als Gedächtnistrainerin. Vielfach kommen Menschen, nachdem sie ein halbes Jahr im Ruhestand sind, in meine Kurse. Sie sind erschrocken darüber, wie sehr ihre Gedächtnisleistung und ihre Konzentrationsfähigkeit in dieser kurzen Zeit nachgelassen haben.

Spielt auch die Angst zu vereinsamen eine Rolle?
Nicht direkt. Doch es ändert sich im Ruhestand eben einiges grundlegend: Wenn man berufstätig ist, muss man sich nicht um Kontakte bemühen. Man hat sie einfach – ob man will oder nicht. Man ist in ein soziales Gefüge eingebunden und wird intellektuell gefordert. Es ist immer jemand da, mit dem man sich austauschen kann. Wenn das wegfällt, muss man sich selbst aktiv um Kontakte bemühen. Man muss hinausgehen und initiativ werden.

Tatsächlich haben die Menschen, die sich sehr stark auf ihren Beruf konzentriert und immer viel gearbeitet haben und die nur Kontakte im kollegialen Kreis hatten, die größten Probleme mit der Umstellung.

Welche Hoffnungen werden an den Ruhestand geknüpft?
Die Hoffnung, seine Träume zu verwirklichen. Viele wollen endlich das tun, was sie immer schon tun wollten. Sie hatten als Jugendliche Pläne und sind durch äußere Umstände in andere Bahnen gelenkt worden. Jetzt nehmen sie diese Pläne wieder auf. Einigen geht es darum, ihre eigenen Fähigkeiten auszubauen, andere wollen kreativ sein, wieder andere möchten sich ehrenamtlich engagieren.

Was ist so schwierig am Ausstieg aus dem Berufsleben und warum fallen viele Menschen nach kurzer Zeit in ein Loch?
Das hat sicher mit Folgendem zu tun: Es ist noch nicht so in unser Bewusstsein gedrungen, dass die nachberufliche Lebensphase eine sehr lange Zeit ist. Sie ist ein eigener Lebensabschnitt. Diese Zeit muss gestaltet werden, es sei denn, ich entscheide mich, sie – im Unterhemd auf der Couch sitzend – vor dem Fernseher zu verbringen.

Ich habe oft erlebt, dass Menschen den nächsten Jahresurlaub intensiver planen als ihre nachberufliche Zukunft. Die wenigsten haben die Möglichkeit, langsam in den Ruhestand zu gleiten, für die meisten geht es von heute auf morgen von hundert auf null. Wenn man sich darauf nicht mental vorbereitet, gibt es Probleme.

Wie kann man sich denn vorbereiten?
Nehmen Sie sich einmal ein Wochenende Zeit, über Ihren Ruhestand nachzudenken. Überlegen Sie sich zusammen mit Ihrem Partner, wie Sie sich das „Leben danach“ vorstellen. Was ist Ihnen wichtig? Wozu hätten Sie Lust? Ist das realistisch? Was würde das bedeuten? Wie könnte man das umsetzen? Sehr hilfreich ist es, die Gedanken und Ideen schriftlich festzuhalten.

Wann sollte man mit der Vorbereitung auf den eigenen Ruhestand anfangen?
Ich denke, zwei bis drei Jahre vorher ist ein guter Zeitpunkt. Generell haben wir heute bessere Voraussetzungen, den Ruhestand zu planen – einfach weil wir weniger arbeiten und mehr Urlaub haben als die Generationen vor uns. Wir haben eher die Möglichkeit, uns schon während des Berufslebens andere Standbeine aufzubauen.

Welches Mittel empfehlen Sie gegen das Rentenloch?
Mein Rat ist: Sorgen Sie ganz schnell dafür, dass Sie neue Strukturen bekommen. Das sollten keine Strukturen sein, die Sie so sehr einengen wie früher der Beruf, aber Strukturen, die Halt geben. Ich möchte keinem blinden Aktivismus das Wort reden. Aber schon zwei, drei feste Termine in der Woche geben eine Orientierung.

Neben dieser zeitlichen Struktur halte ich auch das soziale Netzwerk für wichtig. Der Ruhestand fällt ja in eine Lebensphase, in der die Zahl der Kontakte tendenziell geringer wird – weil Bekannte und Freunde krank werden oder sterben und damit nicht mehr als Partner für gemeinsame Aktivitäten zur Verfügung stehen. Das wird oft unterschätzt.

Was hilft da?
Da gibt es nur die Möglichkeit, aktiv auf Menschen zuzugehen und sich zu kümmern. Und das fällt oft schwer. Aber zu Hause zu sitzen und zu sagen: „Es hat mich das ganze Wochenende wieder niemand angerufen" ist keine Alternative.

Es gibt einen eindeutigen Zusammenhang zwischen Lebenszufriedenheit und Gesundheit. Das Schlimmste, was einem Menschen passieren kann, ist, dass er sein Leben als sinnlos erlebt. Viele alte Menschen fragen sich, wer sie noch braucht, wer noch an ihrem Wissen und Know-how interessiert ist.

Meine jahrzehntelange Erfahrung in der Seniorenarbeit hat mir gezeigt: Verbittert und griesgrämig sind immer die Menschen, die keine sinnerfüllende Tätigkeit gefunden haben. Die glücklichsten alten Menschen, die ich kennengelernt habe, waren die, die spüren, dass sie – egal wie alt sie sind – noch etwas bewegen können.

Zur Person

Ursula Lenz, geb. 1952, hat Sozialpädagogik studiert. Seit 1976 ist sie in der Senioren-Bildungsarbeit tätig. Seit 1999 arbeitet sie in der Bundesarbeitsgemeinschaft der Senioren-Organisationen, wo sie für die Presse- und Öffentlichkeitsarbeit zuständig ist.

Rechtzeitig Pläne schmieden

Sie können gar nicht früh genug damit beginnen, Pläne für Ihren Ruhestand zu schmieden. Auch die dritte Lebensphase gelingt in den seltensten Fällen ganz von selbst.

Packen Sie sie aktiv an, indem Sie sich neue Ziele setzen und neue erfüllende Aufgaben suchen – Sie werden davon in vielerlei Hinsicht profitieren.

19 gute Gründe für Sie, sich im Ruhestand eine neue Aufgabe zu suchen

- Sie bleiben aktiv.
- Sie werden sozial eingebunden.
- Sie haben Spaß.
- Sie knüpfen neue Kontakte.
- Sie nutzen Ihre Zeit sinnvoll.
- Sie erleben Erfolge.
- Sie geben dem Alltag eine Struktur.
- Sie erleben Unbekanntes.
- Sie fordern Ihren Körper.
- Sie gestalten die Gesellschaft mit.
- Sie verdienen Geld hinzu.
- Sie regen Ihren Geist an.
- Sie haben das Gefühl, gebraucht zu werden.
- Sie lernen Neues.
- Sie bauen ein Zugehörigkeitsgefühl auf.
- Sie bekommen Anerkennung.
- Sie erweitern Ihren Horizont.
- Sie finden Bestätigung.
- Sie sammeln Bonuspunkte (vergleichen Sie dazu das Beispiel auf Seite 54 ff.).

Zahlreiche Möglichkeiten, die Ihnen offenstehen, werden in den nächsten Kapiteln genauer erläutert.

Rechtliche Fragen und mögliche Formen einer Tätigkeit

Zur Rente hinzuverdienen

Nicht immer reicht die Rente für ein bequemes Leben aus. Sich etwas zur Rente hinzuzuverdienen ist für viele Ruheständler wünschenswert. Andere sind sogar gezwungen, Geld zu verdienen und so ihren Lebensunterhalt zu sichern.

Höchstverdienstgrenzen

Es gibt jedoch dafür einige gesetzliche Bestimmungen, die Sie kennen sollten. Für einige Rentnergruppen gelten Höchstverdienstgrenzen. Wenn Ihr Verdienst diese Grenze überschreitet, müssen Sie mit zum Teil kräftigen Abzügen bei der Höhe der Rentenzahlung rechnen.

Keine Abzüge riskieren

Ab dem 65. bzw. 67. Lebensjahr

Rentner, die vor dem 1. Januar 1947 geboren sind, können ab 65 Jahren unbegrenzt zu ihrer Altersrente hinzuverdienen. Für alle, die nach dem 31. Dezember 1946 geboren sind, gilt das erst ab einem Alter von 67. Doch dann schmälern weder ein Minijob noch ein sozialversicherungspflichtiges Einkommen oder Einkünfte aus selbstständiger Arbeit die Höhe Ihrer Rente. Aufpassen müssen Sie lediglich in Sachen Krankenversicherung und „Rentensteuer".

Vor dem 65. bzw. 67. Lebensjahr

Anders sieht die Sache jedoch für vor 1947 geborene Ruheständler aus, die das 65. Lebensjahr noch nicht erreicht haben. Und das Gleiche gilt für nach 1946 geborene Ruheständler, die noch nicht 67 sind. Für sie gibt es eine Zuverdienstgrenze. Wie hoch der Verdienst sein darf, richtet sich danach, ob eine Altersvollrente oder eine Teilrente bezogen wird.

Altersvollrentner dürfen bis zu 500 Euro im Monat brutto verdienen. In zwei Monaten im Jahr darf diese Grenze allerdings überschritten werden – und dann bei maximal 900 Euro liegen. Damit sollen Sonderzahlungen wie Urlaubs- oder Weihnachtsgeld abgedeckt werden.

Bei einer Altersteilrente haben Sie einen größeren Spielraum. Hier sind die Hinzuverdienstgrenzen individuell. Sie richten sich nach dem Verdienst der letzten drei Kalenderjahre vor dem Rentenbeginn. Je nachdem, ob Sie eine 2/3-, 1/2- oder 1/3-Teilrente beziehen, steigt die Möglichkeit hinzuzuverdienen. Ihre individuelle Hinzuverdienstgrenze bei einer Teilrente wird Ihnen mit dem Rentenbescheid mitgeteilt. Auch bei einer Teilrente ist es übrigens möglich, die Hinzuverdienstgrenze zweimal jährlich bis zum Doppelten zu überschreiten.

Wenn Sie unter der vorgeschriebenen Grenze bleiben, wird Ihre Altersrente ohne Abzüge weitergezahlt. Verdienen Sie jedoch auch nur geringfügig mehr als erlaubt, dann müssen Sie deutliche Abstriche bei den Rentenzahlungen in Kauf nehmen. So können ein oder sogar zwei Drittel Ihrer Rente wegfallen, wenn Sie Ihre individuelle Hinzuverdienstgrenze für Teilrenten überschreiten.

500-Euro-Grenze

Häufig wird die Höchstverdienstgrenze von 500 Euro mit dem Minijob in einen Topf geworfen. Doch das eine hat mit dem anderen nichts zu tun.

Wenn Sie als Altersvollrentner unter 65 bzw. 67 Jahren über die 500-Euro-Grenze hinaus verdienen, besteht auch wieder eine Versicherungspflicht. Dann müssen Beiträge in die Renten-, Kranken- und Arbeitslosenversicherung abgeführt werden. Ob sich der Nebenverdienst dann noch lohnt, ist äußerst fraglich. Meistens ist das Einhalten der Höchstgrenze unterm Strich günstiger.

Für alle Rentner, die noch nicht mindestens 65 bzw. 67 Jahre alt sind, gilt die Empfehlung: Erkundigen Sie sich vor Aufnahme einer Beschäftigung bei Ihrem Rentenversicherungsträger, ob Ihre Rente sich hierdurch mindert.

Erwerbsminderungsrente

Auch für Frührentner, die aus gesundheitlichen Gründen aus dem Beruf ausgeschieden sind und eine Erwerbsminderungsrente bekommen, gilt die 500-Euro-Grenze.

Weitere Informationen

Auskünfte erteilt die Deutsche Rentenversicherung. Unter der kostenlosen Hotline 0800-1000 4800 werden Sie telefonisch beraten. Und unter *www.deutsche-rentenversicherung.de* finden Sie zahlreiche weitere Informationen.

Vorteile der Minijobs nutzen

Minijobs bieten eine gute Möglichkeit, etwas zur Rente hinzuzuverdienen. Für den Arbeitgeber und den Arbeitnehmer sind die bürokratischen Hürden recht niedrig. Gleichzeitig steht das Arbeitsverhältnis auf einer soliden rechtlichen Basis. Die Minijobs wurden ja unter anderem als eine Maßnahme gegen Schwarzarbeit eingeführt.

Unbürokratisch und legal

Immer mehr Menschen machen von dieser vergleichsweise unbürokratischen Verdienstmöglichkeit Gebrauch. Ende des Jahres 2014 hatten rund 6,9 Millionen Menschen in Deutschland einen Minijob. 1,45 Millionen von ihnen waren älter als 60 Jahre.

Bis zu 500 Euro monatlich

Als Minijobber gilt, wer regelmäßig nicht mehr als 500 Euro im Monat verdient. Der Arbeitnehmer muss keine Sozialabgaben zahlen. Das Gehalt ist für ihn in der Regel brutto gleich netto.

Auch mehrere Jobs

Im Prinzip darf jeder gleichzeitig mehrere Minijobs ausüben. Und die Summe des Verdienstes aus allen Minijobs darf die 500-Euro-Grenze nicht überschreiten. Sonst wird das Arbeitsverhältnis sozialversicherungspflichtig.

Tipp: Benachrichtigen Sie auf jeden Fall Ihren Rentenversicherungsträger, wenn Sie einen Minijob annehmen.

Es gibt gewerbliche Minijobs und Minijobs in Privathaushalten. Für beide Arten von Minijobs gelten im Prinzip die gleichen Regeln. Allerdings sind die Pauschalbeiträge, die der Arbeitgeber im Privathaushalt zahlen muss, geringer.

Weitere Informationen

Alles Wissenswerte über Minijobs erfahren Sie bei der Minijob-Zentrale – im Internet unter *www.minijob-zentrale.de* oder telefonisch unter der Service-Nummer 0355 / 29 02-707 99.

Auf Jobsuche gehen

Wie aber finden Sie einen Minijob oder einen anderen Gelegenheitsjob, mit dem Sie sich etwas zur Rente hinzuverdienen können?

Lokalzeitungen

Eine gute Adresse sind natürlich die Stellenanzeigen in den lokalen Tageszeitungen oder in Anzeigenblättern. Dort finden Sie Angebote unterschiedlichster Art.

Schwarze Bretter

Zudem gibt es in Supermärkten und Baumärkten, aber auch in Bibliotheken vielfach ein „Schwarzes Brett". Dort finden Sie zum Teil auch Jobangebote.

Natürlich können Sie auch selbst eine Anzeige aufgeben, mit der Sie Ihre Arbeitskraft zur Verfügung stellen. Das können Sie in der Lokalzeitung oder im Anzeigenblatt machen, aber auch mit einem Aushang. Beschreiben Sie in jedem Fall, welche Tätigkeiten Sie gern ausüben würden.

Jobvermittlung

Daneben können Sie sich auch an die Jobvermittlung der Bundesagentur für Arbeit in Ihrer Nähe wenden oder an eine der zahlreichen Zeitarbeitsfirmen, deren Adressen Sie im Örtlichen Telefonbuch finden. Auch im Internet kann die Suche erfolgreich sein – entweder in den allgemeinen Jobbörsen wie beispielsweise

- www.jobboerse.arbeitsagentur.de
- www.indeed.com
- http://jobsuche.monster.de
- www.kimeta.de
- www.kalaydo.de/jobboerse

oder auch in Jobbörsen speziell für Rentner, wie

- www.rentarentner.de
- www.alteprofis.de
- www.rentner-boerse.de
- www.rentner-sucht-arbeit.de
- www.deutsches-seniorenportal.de/jobs-fuer-senioren-und-rentner

Persönliche Kontakte nutzen

Es ist auch sinnvoll, Ihre persönlichen Kontakte für die Jobsuche zu nutzen. Erzählen Sie in Ihrem Bekanntenkreis, dass Sie auf der Suche nach einer Tätigkeit sind. Oft sind es persönliche Kontakte bzw. Kontakte über ein paar Ecken, die für den Erfolg bei der Jobsuche sorgen.

Sich ehrenamtlich engagieren

Die Zahl der Freiwilligen wächst

In Deutschland sind rund 23 Millionen junge und alte Menschen freiwillig ehrenamtlich tätig. Sie engagieren sich im Schnitt knapp 18 Stunden pro Monat in den unterschiedlichsten Bereichen – von der nachbarschaftlichen Hilfe und Unterstützung im Alltag über soziale und gesundheitliche Aufgaben bis zu Aktivitäten in Kultureinrichtungen, im Umweltschutz und im Sport.

Das ungeheure Ausmaß des Engagements wird klar, wenn man sich folgende Zahlen vor Augen hält: Ehrenamtliche und Freiwillige widmen in Deutschland jedes Jahr rund fünf Milliarden Arbeitsstunden dem Gemeinwohl. Das sind fast zehn Prozent mehr als den gesamten bezahlten öffentlichen Dienst ausmachen.

Mit ihrem Einsatz leisten die Freiwilligen einen unverzichtbaren Beitrag zum sozialen Zusammenhalt.

„Engagement macht glücklich. Das Gefühl, sich einbringen zu können und gebraucht zu werden, tut allen gut. Gegenseitige Unterstützung und das Wissen, dass man gemeinsam etwas erreichen kann, stärkt eine Gesellschaft und hält sie zusammen." Manuela Schwesig, Bundesfamilienministerin

Die Motive der freiwilligen Helfer sind vielfältig. Im Vordergrund steht oft der Wunsch, die Gesellschaft mitzugestalten und soziale Verantwortung zu übernehmen. Bei vielen Freiwilligen kommt das Bedürfnis nach sozialen Kontakten und sozialer Einbindung hinzu. Und: Die Arbeit, deren Art und Umfang die Freiwilligen ja in der Regel selbst bestimmen, macht ihnen einfach Spaß.

Engagement der Älteren

Auch das Engagement der Älteren ist in den letzten Jahren stark gestiegen. Heute sind 37 Prozent der 60- bis 69-Jährigen sozial engagiert. Zahllose Vereine, Verbände und Organisationen könnten ohne die ehrenamtliche Arbeit, die von älteren Menschen geleistet wird, nicht existieren.

„Die gesamte Gesellschaft kann vom Wissen und der Erfahrung Älterer beim bürgerschaftlichen Engagement profitieren. Ältere Menschen sind ein Bindeglied zwischen Alt und Jung und geben ihren Schatz an Wissen, Können und Erfahrungen an die nachfolgenden Generationen weiter. Auch hier braucht unsere Gesellschaft diese Kenntnisse und Erfahrungen, sie braucht, was das Alter an Gelassenheit und Augenmaß, an Weisheit und Wissen beisteuern kann. Auf diesem Boden wächst der Zusammenhalt der Generationen, auf dem unsere Gesellschaft aufbaut." Renate Schmidt, ehemalige Bundesministerin für Familie, Senioren, Frauen und Jugend

→ Wie Sie das passende Ehrenamt für sich selbst finden, erfahren Sie ab Seite 64.

Umfangreiche Informationen zum Thema Ehrenamt und bürgerliches Engagement gibt es im Wegweiser Bürgergesellschaft der Stiftung Mitarbeit unter *www.buerger-gesellschaft.de*

Stiftung Mitarbeit
Bundesgeschäftsstelle
Ellerstr. 67, 53119 Bonn
Tel.: 0228 6 04 24 -0, Fax: 0228 6 04 24 -22
info@mitarbeit.de, www.mitarbeit.de

Interview

„Etwas Sinnvolles für sich und andere tun"

Über das freiwillige Engagement von älteren Menschen hat sich Gabriella Hinn, die Geschäftsführerin der Bundesarbeitsgemeinschaft Seniorenbüros e.V., im Gespräch geäußert.

In Deutschland sind 23 Millionen Menschen ehrenamtlich tätig. Wie hat sich der Anteil der älteren Menschen in den letzten Jahren entwickelt?
Gabriella Hinn: Die deutlichste Steigerung des freiwilligen Engagements gab es bei den älteren Menschen im Alter ab 60 Jahren. Dies ergibt der Vergleich der Ergebnisse der Freiwilligensurveys der Bundesregierung von 1999, 2004 und 2009. Die Engagementquote stieg in der gesamten Gruppe der ab 60-Jährigen innerhalb von 10 Jahren von 26 auf 33 Prozent. Hier fand ein deutlicher Mobilisierungsschub statt. Bis zu 25 Prozent der Menschen über 50 Jahre wären bereit, sich zu engagieren, wenn sich dafür eine Gelegenheit bieten würde.

Welche Bedeutung hat der Einsatz für die Senioren?
Die älteren Menschen sind fitter, gesünder und aktiver als je zuvor. Sie möchten etwas für sich und andere tun, sie möchten aktiv werden. Ganz wichtig ist als Motivation das Gefühl, gebraucht zu werden. Man möchte mit seinem Wissen, seiner Erfahrung und seinen Potenzialen etwas Sinnvolles für sich und andere tun.

Vielfach geht es für die Älteren dabei eben nicht nur darum, selbst Spaß und Freude am Engagement zu haben, sondern auch darum, Verantwortung für das Gemeinwesen zu übernehmen und zu einer Veränderung der Gesellschaft beizutragen.

In den Seniorenbüros haben wir die Erfahrung gemacht, dass wir Menschen, die in der schwierigen

Übergangsphase vom Berufsleben in den Ruhestand fast in ein Loch gefallen wären, mit unseren Projekten zum Teil wirklich auffangen konnten – gerade eben durch neue Formen des Engagements.

Was sind diese neuen Formen des Engagements?
Das ist in der Regel die Mitarbeit in einem Projekt, also ein zeitlich befristetes und inhaltlich abgegrenztes Engagement. Diese neuere Form unterscheiden wir von dem klassischen Ehrenamt, das in Wohlfahrtsverbänden, bei Kirchen und in Vereinen stattfindet.

In den letzten zehn bis fünfzehn Jahren haben neue Formen des Ehrenamtes deutlich zugenommen, bei denen sich Menschen außerhalb von verbandlichen Strukturen Aufgaben suchen.

Die Menschen werden zunehmend selbst aktiv, engagieren sich in einem Projekt oder ziehen selbst ein Projekt auf und suchen dafür Mitstreiterinnen und Mitstreiter. Darum werden Vermittlungsstrukturen immer wichtiger ...

... also die Arbeit der Seniorenbüros!
Ja, immer mehr Menschen rufen in unseren Seniorenbüros an und sagen: „Ich würde gern was tun, aber ich weiß nicht, was."

Die Einrichtungen, die Leute beraten, vermitteln, begleiten und unterstützen, bekommen immer mehr Bedeutung. Jede Kommune braucht solche Anlaufstellen mit hauptamtlichen Strukturen und einer verlässlichen Finanzierung. Das ist zurzeit leider noch ein Problem.

Wir versuchen daher als Bundesarbeitsgemeinschaft Seniorenbüros mit unserer Öffentlichkeit einen Beitrag zu leisten, dass sich die Rahmenbedingungen für freiwilliges Engagement älterer Menschen verbessern.

Was leisten denn die Seniorenbüros genau?
Eine ganze Menge! Sie informieren, beraten, vermitteln und begleiten am Engagement interessierte Menschen ab 50 plus. Sie beraten aber auch Einrichtungen, die Freiwillige vermitteln. Und sie bieten Fort- und Weiterbildungen für ehrenamtlich Tätige an.
Daneben initiieren die Seniorenbüros auch innovative Projekte. Sie versuchen, die Rahmenbedingen dafür zu schaffen, dass neue „Alt–Jung"-Projekte entstehen oder Zeitzeugenprojekte oder eine Reparaturwerkstatt oder ein neues Sportangebot.

Ein wichtiger Bereich ist darüber hinaus die Vernetzung innerhalb der Kommunen. Seniorenbüros organisieren runde Tische und initiieren Gesprächskreise, wo die Träger der offenen Altenarbeit und des bürgerschaftlichen Engagements zusammenkommen.

Sind die Seniorenbüros selbst auch Treffpunkte?
Ja, viele Seniorenbüros haben auch einen Café-Bereich, wo Menschen mit anderen zusammenkommen und sich austauschen können. Hier entstehen oftmals neue Impulse für Engagement – einfach wenn Menschen zum Kaffee oder in einer Gesprächsgruppe zusammenkommen. Hier erfahren sie dann auch von bestehenden Initiativen – zum Beispiel einer Hausaufgabenbetreuung – und fühlen sich eingeladen, etwas zu tun und eine Aufgabe zu übernehmen.

Warum ist das klassische Ehrenamt heute weniger gefragt?
Ältere Menschen wollen ihr freiwilliges Engagement weitgehend selbstbestimmt ausüben. Ihr Wunsch, das Lebensumfeld positiv mitzugestalten, ist ihre Antriebsfeder. Soziale Angelegenheiten werden zunehmend in die eigenen Hände genommen, besonders auf kommunaler Ebene, wo schnell deutlich spürbar wird, wenn sich eine Situation verbessert. Dort bilden sich immer häufiger selbst organisierte Gruppen.

Die Selbstorganisation wird im Übrigen auch stärker als früher gefördert. Das zeigt sich etwa durch eine Reihe von Initiativen auf Bundesebene – in den vergangenen Jahren – unter anderem: „Aktiv im Alter“ oder „Erfahrungswissen für Initiativen“ mit der Ausbildung von *senior*Trainerinnen und *senior*Trainern.

Wie viel Zeit investieren die älteren Menschen denn für ein Ehrenamt?

Beim durchschnittlichen Zeiteinsatz für ihr Engagement ist die Gruppe der Älteren führend: Laut Freiwilligensurvey ist die Gruppe der 50- bis 64-Jährigen 16 Stunden monatlich aktiv, bei den 65- bis 74-Jährigen sind es 18 Stunden und bei den über 75-Jährigen 15 Stunden.

Doch auch hier hat sich in den letzten Jahren etwas geändert. Heute sind viele ältere Menschen nicht mehr bereit, sich unbefristet in einem Bereich zu engagieren. Vielen kommt es näher, in einem zeitlich festgelegten Rahmen – eben für ein bestimmtes Projekt – freiwillig tätig zu werden. Dies zeigen auch die Erfahrungen in neuen Feldern des bürgerschaftlichen Engagements wie der Bundesfreiwilligendienst.

Und in welchen Bereichen sind die Senioren aktiv?

Es gibt keinen gesellschaftlichen Bereich, der nicht von den Älteren erschlossen wird. Ganz wichtige und große Bereiche sind aber: Sport und Bewegung, Schule und Kindergarten, Kirche und Religion, Pflege-, Besuchs-, Hilfsdienste sowie Freizeit und Geselligkeit.

Ältere sind als Leselernhelfer an Grundschulen aktiv, bieten Wohnberatung an, erleichtern Jugendlichen den Weg in Ausbildung und Beruf, organisieren Seniorentreffs, leisten Hausaufgabenhilfe für Schüler, sind Großeltern auf Zeit, beraten verschuldete Jugendliche, helfen Migrantenfamilien, besuchen Menschen in Altenheimen, unterstützen pflegende Angehörige, organisieren Internetcafés und Zeitzeugengespräche und noch vieles mehr.

Zur Person
Gabriella Hinn, geb. 1966, ist seit über 20 Jahren in der Seniorenarbeit tätig. Sie ist seit 1998 Geschäftsführerin der Bundesarbeitsgemeinschaft Seniorenbüros (BaS) in Bonn.

→ Nähere Informationen zum Programm „Erfahrungswissen für Initiativen“ (EFI) finden Sie auf Seite 174 f.
→ Näheres zum Bundesfreiwilligendienst erfahren Sie ab Seite 171.

Die Aufgabenbereiche sind vielfältig

Die Bereiche, in denen sich ältere Menschen ehrenamtlich engagieren, sind ungeheuer mannigfaltig.

So fasst die Bundesarbeitsgemeinschaft der Senioren-Organisationen e.V. die Aktivitäten ihrer Mitgliedsverbände zusammen:

- Senioren leisten Hilfe, solidarisch und sozial.
- Senioren stehen für ihre ehemaligen Berufskollegen ein.
- Senioren pflegen Kultur und Geselligkeit.
- Senioren fördern Gesundheit, Fitness und selbstständige Lebensführung.
- Senioren setzen sich in Kirche und Gemeinde für andere ein.
- Senioren engagieren sich politisch.
- Senioren geben Wissen und Erfahrung an Jüngere weiter.
- Senioren engagieren sich für lebenslanges Lernen.

→ Einen guten Überblick über die Vielfalt des freiwilligen Engagements älterer Menschen bietet die Internetseite *www.senioren-initiativen.de.* Dort präsentieren sich mehr als tausend Initiativen aus der Freiwilligenarbeit. Vom Internetcafé über Alt-Jung-Projekte bis hin zur Integration von

Migranten und Migrantinnen sind die unterschiedlichsten Engagementfelder vertreten.

→ Zahlreiche Projekte und Möglichkeiten werden in diesem Buch ab Seite 78 ausführlich beschrieben.

Finanzielle Anreize wachsen

Generell gilt, dass ehrenamtliches Engagement unentgeltlich geleistet wird. Allerdings sorgen die gemeinnützigen Vereine und Organisation meist zumindest dafür, dass die ehrenamtlichen Kräfte keine finanzielle Belastung durch ihr Engagement haben. So werden Auslagen, die die Freiwilligen getätigt haben – zum Beispiel Fahrtkosten –, erstattet. Darüber hinaus können ehrenamtlich Tätige jedoch nicht fest mit einer Aufwandsentschädigung rechnen.

Eine Ausnahme von dieser Regel bildet der im Juli 2011 gestartete Bundesfreiwilligendienst, in dem man sich sechs bis 24 Monate lang in recht großem Umfang engagiert. Hier wird in jedem Fall ein Taschengeld gezahlt, dessen Höhe mit dem Träger des Freiwilligendienstes vereinbart wird.

→ Näheres zum Bundesfreiwilligendienst lesen Sie ab Seite 171.

Auch wenn es sonst in der Regel keine Garantien oder einklagbaren Ansprüche gibt: Immerhin setzt sich die Praxis, eine Aufwandsentschädigung zu zahlen, langsam durch.

Übungsleiterpauschale

Die Höhe dieser Entschädigung orientiert sich an der sogenannten Übungsleiterpauschale.

Die Übungsleiterpauschale ist der Betrag, den man mit einer ehrenamtlichen Tätigkeit für eine gemeinnützige Organisation oder eine öffentliche Institution steuerfrei verdienen kann.

Die Pauschale wurde vor etlichen Jahren vom Deutschen Sportbund für die ehrenamtliche Tätigkeit von Sporttrainern gefordert und durchgesetzt. Wer heute als Übungsleiter oder Übungsleiterin von dieser Pauschale profitieren will, muss sich nicht zwangsläufig als Trainer oder Trainerin in einem Sportverein engagieren. Die Vergünstigung können auch

- Ausbildungsleiter/innen, Ausbilder/innen, Erzieher/-innen, Betreuer/innen,
- künstlerisch Tätige oder
- in der Pflege behinderter, kranker oder alter Menschen Tätige in Anspruch nehmen.

Die Tätigkeit muss allerdings im Auftrag einer öffentlichen oder öffentlich-rechtlichen Institution, eines gemeinnützigen Vereins, einer Kirche oder vergleichbaren Einrichtung zur Förderung gemeinnütziger, mildtätiger oder kirchlicher Zwecke ausgeübt werden.

Pro Person und Jahr können dann 2.400 Euro steuer- und sozialabgabenfrei hinzuverdient werden.

Ehrenamtspauschale

Daneben gibt es die sogenannte Ehrenamtspauschale, die für jede Art von Tätigkeit für gemeinnützige Vereine, kirchliche oder öffentliche Einrichtungen in Anspruch genommen werden kann.

Auch hier muss die Tätigkeit der Förderung von gemeinnützigen, mildtätigen oder kirchlichen Zwecken dienen. Dann sind Zahlungen bis zur Höhe von 720 Euro pro Jahr und Person steuer- und sozialabgabenfrei.

Wichtig zu wissen: Diese beiden Freibeträge für Ehrenamtliche sind nicht kombinierbar. Wer eine Ehrenamtspauschale in Anspruch nimmt, darf für dieselbe Tätigkeit keine Übungsleiterpauschale geltend machen – und umgekehrt.

Andere finanzielle Anreize

Einige Städte fördern das Ehrenamt, indem sie freiwilligen Helfern Vergünstigungen gewähren. Das geschieht zum Beispiel in Ulm.

Mit der FREIWILLIGEN CARD, die von der Stadt Ulm, dem Stadtjugendring Ulm e.V. und der Bürgeragentur ZEBRA e.V. auf den Weg gebracht wurde, wird freiwilliges Engagement in sozialen, kulturellen, ökologischen, gesundheitlichen, sportlichen, kirchlichen oder politischen Bereichen honoriert.

Alle Personen, die seit einem Jahr mindestens drei Stunden wöchentlich freiwillig ehrenamtlich tätig sind, bekommen diese Karte. Mit der Karte profitieren sie von Rabatten und Ermäßigungen, die öffentliche und private Anbieter gewähren. Dazu gehören etwa der freie Eintritt ins Schwimmbad oder eine Ermäßigung beim Kino-, Restaurant- oder Friseurbesuch.

Ehrenamtliches Engagement kann sich also durchaus auch finanziell lohnen.

Fortbildungen

Ein weiterer Vorteil: Eine Reihe von gemeinnützigen Organisationen, die mit ehrenamtlichen Helfern zusammenarbeiten, bieten auch Fortbildungen und Weiterqualifikationen an. So können Sie während des Engagements Ihre Fähigkeiten und Kompetenzen erweitern und Neues lernen.

Versicherungsschutz
In der Regel sind Ehrenamtliche über die gemeinnützige Einrichtung, für die sie tätig sind, unfallversichert. Vielfach sorgen die Träger auch für eine Haftpflichtversicherung.

In diesem Bereich hat sich in den letzten Jahren viel verbessert. So haben die Bundesländer für solche Fälle Rahmenverträge mit Versicherungen abgeschlossen, über die ehrenamtliche Kräfte abgesichert werden.

Lesenswert
Nützliche Versicherungstipps für freiwillige Helfer finden Sie in dieser Broschüre:

„Zu Ihrer Sicherheit: Unfallversichert im freiwilligen Engagement" vom Bundesministerium für Arbeit und Soziales (März 2014). Diese Broschüre können Sie unter www.bmas.de/DE/Service/Medien/Publikationen/a329-zu-ihrer-sicherheit-unfallversichert-im-ehrenamt.html herunterladen oder bestellen beim
Bundesministerium für Arbeit und Soziales (BMAS)
Wilhelmstr. 49, 10117 Berlin
Tel.: 030 / 185 27-0 Fax: 030 / 185 27-2236
info@bmas.bund.de, www.bmas.de

Zeit und Dienstleistungen austauschen

Ein Sonderfall des Ehrenamtes sind Zeittauschbörsen, die auch Tauschringe oder Seniorengenossenschaften genannt werden. Sie bieten eine gute Möglichkeit, anderen zu helfen und dabei gleichzeitig dafür zu sorgen, dass einem selbst geholfen wird.

Bereits seit 1991 gibt es in Deutschland solche Börsen. Mittlerweile ist die Zahl dieser Initiativen auf über 300 angewachsen.

Tausch von Dienstleistungen

Alle Zeittauschbörsen funktionieren nach einem einfachen Prinzip: Die Mitglieder der Börse tauschen Dienstleistungen miteinander aus – aber sie zahlen kein Geld dafür.

Jedes Mitglied der Tauschbörse hat ein Zeitkonto. Für jede geleistete Arbeit bekommt man Punkte gutgeschrieben. Für eine Dienstleistung, die man selbst in Anspruch nimmt, werden Punkte abgezogen. Jeder Punkt steht für eine bestimmte Dauer, zum Beispiel für eine Stunde Arbeit.

Die Mitglieder bestätigen sich gegenseitig die geleistete Arbeit und reichen diese Bestätigung bei ihrer Tauschbörse ein. Dort werden die Punkte auf den jeweiligen Mitgliederkonten verbucht.

Das Ziel dieser Zeittauschbörsen ist der geldlose Austausch von Hilfeleistungen. Sie organisieren so eine Art Nachbarschaftshilfe, die auf Gegenseitigkeit beruht.

Im Büro der Zeittauschbörsen können die Mitglieder ihre Angebote und ihren Hilfsbedarf anmelden. Zum Teil verschicken die Zeitbörsen auch regelmäßig Mitteilungen. Dort können die Mitglieder annoncieren, welche Hilfe sie anbieten können und welche sie zurzeit brauchen.

Vielfältige Angebote

In der Regel haben die Zeittauschbörsen ein sehr vielfältiges Angebot an Dienstleistungen. Hier nur einige Beispiele:

Besuchsdienste, Mitfahrgelegenheiten, Haushaltshilfe, Kinderbetreuung, Haustierhüten, Gartenarbeit, Computerberatung, Reparaturarbeiten, Basteln, Schneidern, Nachhilfeunterricht, Schreibarbeiten, Begleitung bei Behördengängen, Lebensberatung etc.

„Der Phantasie sind da keine Grenzen gesetzt. Man kann praktisch jede Art von Dienstleistung tauschen.“ Ingrid Zundel, die im Alter von 75 Jahren über neue Lebensentwürfe und das bürgerliche Engagement älterer Menschen promoviert hat

Für viele der Mitglieder der Zeittauschbörsen steht der Spaß am Helfen im Vordergrund. Hinzu kommt als positiver Effekt, dass sich beim gegenseitigen Helfen enge Kontakte zwischen den einzelnen Mitgliedern entwickeln – häufig gerade zwischen Jung und Alt. Und schließlich ist das Modell noch in einer anderen Hinsicht zukunftsweisend:

„Wenn die Renten geringer ausfallen und die Älteren sich Hilfe finanziell kaum noch leisten können, ist es wichtig, wenn sich die Menschen mit solchen Modellen organisieren. In Großbritannien beispielsweise, wo die Renten ziemlich niedrig sind, gibt es viel mehr Zeittauschbörsen.“ Ingrid Zundel

Zeittauschbörsen sind so gesehen eine Art Vorsorge und Investition in die eigene Zukunft.

„Da es mir gesundheitlich nicht so gut geht, habe ich jetzt schon die Gewissheit, dass ich mir in einigen Jahren helfen lassen kann.“ Gerhard S., 65 Jahre, Mitglied einer Zeittauschbörse

→ Adressen von Zeittauschbörsen und Tauschringen finden Sie unter *www.tauschen-ohne-geld.de* und *www.tauschringadressen.de.*

→ Nähere Informationen erhalten Sie auch bei den Seniorenbüros (siehe Seite 179), bei den Freiwilligenagenturen (siehe Seite 178) in Ihrer Nähe.

Die Suche nach neuen Aufgaben

Was will ich machen?

Die Suche nach neuen Aufgaben beginnt meistens mit der Frage: „Was würde ich gern tun?“ Das folgende Kapitel soll Ihnen dabei helfen, Antworten auf diese Frage zu finden.

Ganz grundsätzlich stehen Ihnen zwei Wege offen: Sie knüpfen bei Ihren weiteren Aktivitäten an Ihren bisherigen Beruf an oder Sie beginnen etwas ganz Neues.

An den Beruf anknüpfen

Ihr Beruf hat Sie ausgefüllt? Er hat Ihnen viel Spaß gemacht? Und Sie haben große Lust, auch weiterhin in Ihrem alten Themenbereich oder Geschäftsfeld tätig zu sein?

Beruf(ung) ohne Ende

In einer ganzen Reihe von Berufen ist es vollkommen selbstverständlich, dass man auch als Rentner seine alte Tätigkeit – oder zumindest Teile davon – weiter ausübt. Ein emeritierter Professor hält auch weiterhin Vorträge. Eine Schauspielerin steht auch mit 80 noch vor der Kamera. Eine Journalistin hört an ihrem 67. Geburtstag nicht auf zu schreiben. Ein Fotograf geht auch im Alter noch auf Motivsuche. Diese Liste ließe sich noch lange weiter fortsetzen – und Ähnliches gilt für alle Berufe, die mit Leidenschaft ausgeübt werden. Schließlich kennt eine Berufung keine Altersgrenze.

Zwar ist es nicht in allen Berufen ohne Weiteres möglich, einfach nach der Pensionierung weiterzumachen. Doch Sie können in vielen Fällen und in ganz unterschiedlichen Formen an Ihre alte Tätigkeit anknüpfen.

Kompetenzen nutzen

Sie haben in Ihrem Berufsleben zahlreiche Kompetenzen erworben und aufgebaut. Was Sie können und wissen, ist auch nach dem Ausscheiden aus dem Beruf für andere wertvoll. Zahlreiche Fähigkeiten, die Sie im Berufsleben entwickelt und mit Freude eingesetzt haben, können Sie in anderen Situationen anwenden.

Einige Beispiele:

- Sie kennen sich mit Bewerbungsverfahren aus? Viele Arbeitsuchende brauchen Hilfe beim Erstellen ihrer Bewerbungsunterlagen.
- Sie sprechen Spanisch? Sprachbegeisterte in Ihrer Nähe freuen sich über einen Konversationskurs.
- Sie haben Unternehmergeist und viele Jahre Erfahrung? Junge Unternehmensgründer brauchen Ihren Rat.
- Sie kennen sich mit Finanzen und Buchhaltung aus? Der Chorverband in Ihrer Region sucht einen Kassenwart.
- Ihnen gehen Schreibarbeiten leicht von der Hand? Die UNICEF-Arbeitsgruppe in Ihrer Nähe braucht Hilfe im Büro.
- Sie behalten im Chaos den Überblick? Ein Wohlfahrtsverband in Ihrer Region braucht Hilfe bei der Organisation eines großen Jubiläumsfestes.
- Sie können schreinern? Das Kindertheater in Ihrer Nähe braucht ein neues Bühnenbild.
- Sie sind eloquent und haben gute Kontakte? Ein gemeinnütziger Verein vor Ort sucht jemanden, der Sponsoren anwirbt.

Neues ausprobieren

Vielleicht haben Sie Ihren Beruf aber auch als Last empfunden, und nun sind Sie heilfroh, ihn los zu sein. Dann wollen Sie sich auf ein neues Feld zu bewegen. Vielleicht werden Sie Talente, die Sie in Ihrem Beruf nicht nutzen konnten, nun vom Staub befreien. Vielleicht lassen Sie alte Träume wieder aufleben, die Sie sich bislang nicht erfüllen konnten.

- Sie wollten immer schon kreativ sein?
- Sie wollten immer schon singen oder ein Instrument spielen?
- Sie wollten immer schon Streit schlichten?
- Sie wollten immer schon mit Kindern zusammen sein?
- Sie wollten immer schon Menschen in Not helfen?

Jetzt können Sie es tun!

Sich Klarheit verschaffen

Möglicherweise ist Ihnen aber auch noch gar nicht klar, was genau Sie gern machen möchten und was Sie besonders gut können.

→ Da kann es helfen, sich einmal anzuschauen, was andere tun. Darum finden Sie ab Seite 78 zahlreiche Beschreibungen von möglichen Tätigkeiten.

Brainstorming

Nicht selten hilft bei der Suche nach einer erfüllenden Aufgabe aber auch, sich ein bisschen Zeit zu nehmen und seinen Gedanken, Träumen und Wünschen freien Lauf zu lassen.

Die folgenden Checklisten können Ihnen dabei helfen, Ihre Gedanken und Ideen zu ordnen. Kreuzen Sie einfach alles an, was für Sie zutrifft.

1. Welcher Tätigkeitsbereich ist für Sie attraktiv?

- Begleitung und Betreuung
- Beratung
- Gesundheit
- Handwerk
- Internationales
- Natur und Umwelt
- Öffentlichkeitsarbeit
- Organisation und Büro
- Partnerschaft/Mentorat
- Soziales
- Sport
- Technik
- Unterricht und Nachhilfe

Sonstiges:

2. Welche Themen interessieren Sie besonders?

- Arbeitslosigkeit
- Armut
- Asyl
- Behinderungen
- Bildung
- Demokratie
- Eine Welt
- Einwanderung
- Familie
- Frieden
- Geschlechter
- Gesundheit
- Hospiz
- Kultur
- Lebenshilfe
- Menschenrechte
- Religionen
- Sport
- Straffälligkeit
- Tierschutz
- Umweltschutz
- Verbraucherschutz
- Verkehr
- Wissenschaft
- Wohnumfeld

Sonstiges:

3. Was können Sie gut und was macht Ihnen Spaß?

- tröstcn und ermutigen
- etwas herstellen
- planen und organisieren
- Erfahrungen weitergeben
- motivieren
- erzählen oder vorlesen
- kochen oder backen
- eine Sportart ausüben
- tanzen
- singen
- servieren / kellnern
- malen, zeichnen
- putzen
- Handarbeiten (nähen, stricken, sticken)
- Gartenarbeiten/Pflanzen pflegen
- dekorieren, basteln
- Rat geben, beraten
- unterrichten / Kurse geben
- Webseiten gestalten
- am Computer arbeiten
- Broschüren, Grußkarten etc. gestalten
- Fahrräder reparieren
- handwerklich tätig sein
- Auto fahren
- zum Lachen bringen
- geduldig sein
- Musik machen
- wandern, spazieren gehen
- Freunde verwöhnen
- andere für eine gute Sache begeistern
- Partys und Feste organisieren

Sonstiges:

4. Mit welcher Zielgruppe möchten Sie zu tun haben?

- Kinder
- Jugendliche
- Erwachsene
- Familien
- Senioren
- Männer
- Frauen
- Migranten, Ausländer
- Psychisch Kranke
- Physisch Kranke
- Menschen mit Behinderungen
- Menschen in Not
- Straffällige
- Öffentlichkeit allgemein

5. Wie viel Zeit möchten Sie für einzelne Tätigkeiten aufwenden?

bis zu _____ Stunden täglich

ca. _____ Stunden wöchentlich

nicht mehr als _____ Stunden monatlich

Diese Checkliste sowie die Checkliste „Das sollten Sie klären" auf Seite 67 wurden mithilfe der zahlreichen Listen und Fragekataloge unterschiedlicher Freiwilligenagenturen in Deutschland zusammengestellt.

Eventuell wissen Sie nach einem Brainstorming und nach dem Ausfüllen unserer Checklisten besser und genauer, was Ihnen Spaß machen würde und in welchem Bereich Sie sich eine Aufgabe suchen möchten. Dann sind Sie schon bei der nächsten Frage angelangt.

Wo finde ich eine passende Aufgabe?

Die Augen offen halten

„Man muss wach bleiben und die Augen offen halten, dann findet man überall Hinweise darauf, wo man etwas tun kann.“
Gerda F., 61 J., die ihre ehrenamtliche Tätigkeit als Vorlesepatin über einen Handzettel fand, der in einem Buchladen auslag

Das klingt einfach – und ist es auch. Wenn Sie mit offenen Augen und Ohren durch Ihren Stadtteil oder Ihr Dorf gehen, werden Sie sicher schnell mitbekommen, wo man Ihre Hilfe gebrauchen kann. Häufig machen gemeinnützige Organisationen und Initiativen mit Handzetteln, Aushängen, Meldungen in den Lokalzeitungen oder Anzeigenblättern darauf aufmerksam, dass sie helfende Hände suchen. Manchmal nur für kurze Zeit und ein bestimmtes Projekt, manchmal auch längerfristig und dauerhaft.

Ihre Kompetenzen und Ihre Zeit werden gebraucht – Sie müssen sie nur anbieten!

Initiativen, Vereine und Wohlfahrtsverbände ansprechen

Es ist keineswegs notwendig, dass Sie darauf warten, dass Ihnen zufällig ein Aushang oder ein Handzettel auffällt.

Hilfe anbieten

Selbstverständlich können Sie auch selber aktiv werden und Ihre Hilfe bei gemeinnützigen Organisationen in Ihrer Nähe anbieten. Rufen Sie einfach an – bei Vereinen jeder Art, Bürgerinitiativen, Kirchengemeinden, den Wohlfahrtsverbänden, politischen Parteien, Flüchtlingshilfswerken, Greenpeace, Amnesty International, dem Bund für Naturschutz, dem Deutschen Kinderschutzbund, dem Malteser Hilfsdienst, dem Technischen Hilfswerk, der Freiwilligen Feuerwehr, bei Kindertagesstätten, Schulen, Seniorenheimen, Selbsthilfeorganisationen, Krankenhäusern, Patientenvereinigungen, Nachbarschaftstreffs, Kulturzentren etc. Dort gibt es immer etwas zu tun!

Die großen Wohlfahrtsverbände

In der Bundesrepublik Deutschland gibt es sechs Dachorganisationen der Freien Wohlfahrtspflege. Das sind:

- Arbeiterwohlfahrt – www.awo.org
- Deutscher Caritasverband, der Wohlfahrtsverband der katholischen Kirche in Deutschland – www.caritas.de
- Deutscher Paritätischer Wohlfahrtsverband – www.paritaet.org
- Deutsches Rotes Kreuz – www.drk.de
- Diakonisches Werk der Evangelischen Kirche in Deutschland – www.diakonie.de
- Zentralwohlfahrtsstelle der Juden in Deutschland – www.zwst.org

Jede dieser Organisationen hat in zahlreichen Orten in allen Bundesländern Mitgliedsorganisationen, an die Sie sich wenden können. Die Kontaktdaten finden Sie ganz einfach in Ihrem Telefonbuch.

Nähere Informationen zu den Wohlfahrtsverbänden erhalten Sie auch bei der
Bundesarbeitsgemeinschaft der Freien Wohlfahrtspflege e.V.
Oranienburger Str. 13–14, 10178 Berlin
Tel.: 030 / 240 89-0, Fax: 030 / 240 89-134
info@bag-wohlfahrt.de, www.bagfw.de

Darüber hinaus ist in Berlin, Brandenburg, Mecklenburg-Vorpommern, Sachsen, Sachsen-Anhalt und Thüringen der Sozial- und Wohlfahrtsverband Volkssolidarität aktiv – www.volkssolidaritaet.de.

Selbsthilfegruppen

Neben den Wohlfahrtsverbänden sollen hier auch die Selbsthilfegruppen aus der ungeheuren Fülle von gemeinnützigen Vereinen herausgehoben werden.

In Deutschland gibt es zahlreiche Gruppen von Menschen, die sich zusammengetan haben, um sich in schwierigen Lebenssituationen gegenseitig zu unterstützen. Selbsthilfegruppen gibt es zu unterschiedlichen Themen, wie beispielsweise Allergien, Suchterkrankungen, Arbeitslosigkeit, Krebs etc.

Diese Gruppen sind auf die Arbeit der Ehrenamtlichen angewiesen.

→ Die Adressen von Selbsthilfegruppen in Ihrer Nähe erhalten Sie hier:

Nationale Kontakt- und Informationsstelle zur Anregung und Unterstützung von Selbsthilfegruppen (NAKOS)
Otto-Suhr-Allee 115, 10585 Berlin
Tel.: 030 31018960, Fax: 030 31018970
selbsthilfe@nakos.de, www.nakos.de

oder bei der

Bundesarbeitsgemeinschaft SELBSTHILFE von Menschen mit Behinderung und chronischer Erkrankung und ihren Angehörigen e.V.
Kirchfeldstr. 149, 40215 Düsseldorf
Tel.: 0211 31006-0, Fax: 0211 31006-48
info@bag-selbsthilfe.de, www.bag-selbsthilfe.de

→ Unter *www.hilfsorganisationen.de* finden Sie eine Übersicht über die deutschlandweit tätigen Hilfsorganisationen, die neben Spenden auch immer ehrenamtliche Kräfte brauchen.

→ Wenn Sie bei einem Verein oder Verband in Ihrer Nähe anrufen, wird man Sie sicher danach fragen, was Sie machen möchten. Bei der Vorbereitung auf dieses Gespräch können Ihnen die Checklisten auf Seite 61 ff. helfen.

Andererseits haben ja auch Sie sicher eine ganze Reihe von Fragen, die Sie der Organisation stellen möchten, bevor Sie sich dort engagieren.

Ihre Fragen

Die folgende Checkliste hilft Ihnen, sich auf ein Informationsgespräch bei einer gemeinnützigen Organisation vorzubereiten:

Das sollten Sie klären

- **Aufgaben**
  Was genau soll ich tun?
  Wie sind die Arbeitszeiten?
  Wer begleitet mich bei meiner Tätigkeit?
  Wer steht sonst für Fragen zur Verfügung?

- **Kostenerstattung**
  Welche Kosten werden mir erstattet?
  In welcher Weise werden sie gezahlt?

- **Fortbildung/Schulung**
  Welche Möglichkeiten gibt es?
  Wer trägt die Kosten?
  Wie hoch sind sie?

- **Einarbeitungszeit**
  Wie lange dauert sie?
  Wer arbeitet mich ein?

- **Abschied**
  Wie kann ich meine freiwillige Tätigkeit beenden?

- **Mitbestimmung**
  Gibt es Mitsprachemöglichkeiten?
  Wobei und wie?

- **Versicherungen**
  Besteht eine Haftpflicht- und Unfallversicherung?

- **Nachweise**
  Gibt es die Möglichkeit eines Nachweises für die freiwillige Tätigkeit bzw. Fortbildungen?

Sich vermitteln lassen

Die einfachste aller Möglichkeiten, ein passendes Ehrenamt zu finden, ist es, sich an die nächste Freiwilligenagentur zu wenden.

Freiwilligenagenturen und -zentren, Ehrenamtsbörsen

Es gibt bundesweit auf lokaler Ebene über 500 Freiwilligenagenturen. Sie sind kompetente Ansprechpartner für alle Fragen rund um das Ehrenamt. Und: Sie vermitteln freiwilliges Engagement.

Die Freiwilligenagenturen heißen übrigens zum Teil auch Ehrenamtsbörsen oder Freiwilligenzentren.

Rufen Sie einfach bei der Freiwilligenagentur in Ihrer Nähe an und äußern Sie Ihren Wunsch, eine sinnvolle Aufgabe zu finden.

Beratungsgespräch

Das Praktische daran ist: Sie brauchen dafür nicht unbedingt schon eine genaue Vorstellung von Ihrer zukünftigen Tätigkeit zu haben. Die Mitarbeiter der Freiwilligenagentur helfen Ihnen dabei herauszufinden, was für Sie passend sein könnte. Dazu werden Sie in der Regel zu einem persönlichen Beratungsgespräch eingeladen.

Am Ende des Gesprächs stehen im Idealfall konkrete Angebote, die zu Ihren Kenntnissen, Fähigkeiten und Interessen passen.

Interview

„Freiwilligenagenturen unterstützen und entwickeln freiwilliges Engagement vor Ort"

Im Gespräch berichtet Tobias Kemnitzer, der Geschäftsführer der Bundesarbeitsgemeinschaft der Freiwilligenagenturen e.V. (bagfa), über die Arbeit der Freiwilligenagenturen.

Herr Kemnitzer, was ist die Aufgabe der Freiwilligenagenturen?
Tobias Kemnitzer: Die Freiwilligenagenturen vor Ort sind gute Anlaufstellen für alle Menschen, die sich engagieren möchten. Sie informieren, beraten und vermitteln. Sie bringen also diejenigen, die sich für freiwilliges Engagement interessieren, mit gemeinnützigen Organisationen zusammen, die Freiwillige suchen. Sie unterstützen auch gemeinnützige Organisationen, die öffentliche Verwaltung und Unternehmen, sich Engagierten zu öffnen und geeignete Rahmenbedingungen für deren Engagement zu schaffen.

Außerdem stoßen die Freiwilligenagenturen selbst Projekte und Initiativen an. Sie sorgen für eine gute Vernetzung der Organisationen in diesem Bereich und setzen sich für zeitgemäße Anerkennungsformen und neue Partizipationsmöglichkeiten ein.

Wie funktioniert die Vermittlung konkret?
Die Agenturen erheben bei gemeinnützigen Organisationen Informationen, in welchen Bereichen sie für welche Tätigkeiten und in welchem zeitlichen Umfang Freiwillige suchen. Die Agenturen prüfen die Angebote und vermitteln sie anschließend an Bürgerinnen und Bürger weiter, die sich engagieren möchten.

Und was mache ich, wenn ich ein Engagement suche?
Ganz einfach: Sie rufen bei der Freiwilligenagentur in Ihrer Nähe an und vereinbaren dort einen Termin zur Beratung.

Vielleicht überlegen Sie vor dem Termin noch, worauf Sie Lust hätten. Was sind Ihre Interessen? Was sind Ihre Kompetenzen? Was sind mögliche Einsatzbereiche? Wie viel Zeit möchten Sie mitbringen? Wie viel Verantwortung möchten Sie übernehmen?

Die Berater in den Freiwilligenagenturen gleichen Ihre Vorstellungen dann mit den vorliegenden Angeboten ab. Und sie geben Ihnen ganz konkrete Hinweise, wo Sie sich am besten engagieren könnten.

Kann sich jeder an eine Freiwilligenagentur wenden?
Ja, wir sind offen für alle – für alle sozialen und kulturellen Hintergründe und für alle Altersschichten. Jeder, der Lust hat, sich freiwillig zu engagieren, kann zu uns kommen.

Wie hoch ist der Anteil der älteren Menschen, die bei Freiwilligenagenturen Rat suchen?
60 Prozent der Menschen, die sich an uns wenden, sind älter als 50 Jahre. 21 Prozent sind 66 Jahre und älter.

Wie kann ich mich vorab über Möglichkeiten zum Engagement informieren?
Viele Freiwilligenagenturen stellen ihre Angebote auf ihre Homepage ins Internet. Eine weitere gute Informationsquelle für einen ersten Überblick ist die Freiwilligendatenbank der Aktion Mensch, mit der wir kooperieren. Sie finden sie unter *www.freiwilligendatenbank.de.* Immer mehr Freiwilligenagenturen speisen dort ihre Engagementangebote ein. Wenn Sie in dieser Datenbank stöbern, bekommen Sie eine gute Vorstellung davon, was alles möglich ist.

Wie finde ich eine Freiwilligenagentur in meiner Nähe?
Auf unserer Homepage finden Sie eine Liste mit allen Freiwilligenagenturen in Deutschland. Dort kann man bequem nach Postleitzahl oder Ort suchen und findet sehr leicht eine Freiwilligenagentur in der Nähe. Natürlich können Sie sich mit dieser Frage auch per Telefon oder E-Mail an uns wenden. Außerdem lässt sich Ihre Freiwilligenagentur vor Ort leicht über die gängigen Suchmaschinen im Internet finden.

Wer sind die Träger der Freiwilligenagenturen?
Da ist die Landschaft sehr bunt. Freiwilligenagenturen können bei den Kommunen, bei Wohlfahrtsverbänden oder Vereinen angesiedelt sein.

Sie haben eben erwähnt, dass die Freiwilligenagenturen auch eigene Initiativen starten ...
Ja! Es ist unser Ziel, aus aktuellen gesellschaftlichen Entwicklungen und Problemen selbst Projekte zu entwickeln. Beispielsweise haben eine Reihe von Freiwilligenagenturen eigene Patenschaftsprojekte initiiert, bei denen der Pate oder Patin einen Jugendlichen für einen bestimmten Zeitraum begleitet und ihn im Alltag, in der Schule oder bei der Berufswahl unterstützt.

Das ist nur ein Beispiel für die bunte Palette von Projekten, die unsere Agenturen selbst starten. Die eindrucksvollsten Projekte zeichnen wir übrigens jedes Jahr mit unserem Innovationspreis aus.

Bieten die Freiwilligenagenturen selbst einen Versicherungsschutz an?
Nein. Aber natürlich beraten wir auch dazu. Die größeren Organisationen haben in der Regel eigene Versicherungen, über die sowohl die haupt- als auch die ehrenamtlichen Kräfte abgesichert sind. Kleine Vereine oder

Initiativen können den Versicherungsschutz nutzen, der über die Bundesländer angeboten wird.

Vermitteln die Freiwilligenagenturen auch Fortbildungen für die ehrenamtlich Tätigen?
Ja, auch das gehört zu unseren Aufgaben. Ein Drittel unserer Agenturen bietet über die Vermittlung hinaus auch selbst Fortbildungen an.

Was raten Sie denjenigen, die vielleicht Vorbehalte haben, sich an eine Freiwilligenagentur zu wenden?
Vielleicht können sie damit starten, sich im Bekanntenkreis umzuhören und so zu erfahren, was andere machen. Oftmals kann man sich dort anschließen. Und vieles läuft ja nach wie vor übers Hörensagen.

Aber ehrlich gesagt, weiß ich nicht recht, was die Vorbehalte sein können. Greifen Sie zum Telefonhörer, rufen Sie uns an. Probieren Sie es einfach aus!

Zur Person

Tobias Kemnitzer, geb. 1978, hat Geschichte und Politikwissenschaften studiert. Er hat als Referent für Demografische Entwicklung bei der Bundestagsfraktion von Bündnis 90/Die Grünen gearbeitet und war als Geschäftsführer bei der Stiftung für die Rechte zukünftiger Generationen (SRzG) tätig. Seit 2009 ist er der Geschäftsführer der Bundesarbeitsgemeinschaft der Freiwilligenagenturen e.V. (bagfa).

Bei der bagfa erfahren Sie, wo das für Sie nächste Freiwilligenbüro ist.

Bundesarbeitsgemeinschaft der Freiwilligenagenturen e.V. (bagfa)
Potsdamer Str. 99, 10785 Berlin
Tel.: 030 20453366, Fax: 030 28094699
bagfa@bagfa.de, www.bagfa.de

→ Unter *www.freiwilligendatenbank.de.* finden Sie einen guten Überblick über die Möglichkeiten des freiwilligen Engagements.

→ Die Freiwilligenagenturen sind zum Teil auch in den Verwaltungen der Städte und Kommunen angesiedelt. Fragen Sie einfach mal im Bürgerbüro nach.

Seniorenbüros

Gute Ansprechpartner bei der Suche nach einem Ehrenamt sind auch die Seniorenbüros. Diese Büros gibt es in fast allen größeren Städten. Sie beraten ältere Menschen in allen Lebensfragen.

Wo das für Sie nächstgelegene Seniorenbüro ist, erfahren Sie bei der

Bundesarbeitsgemeinschaft Seniorenbüros e.V.
Bonngasse 10, 53111 Bonn
Tel.: 0228 / 614 074, Fax: 0228 / 614 060
bas@seniorenbueros.org, www.seniorenbueros.org

101 Ideen –
zum Nachahmen und Weiterdenken

Vielleicht haben Sie selbst schon sehr genaue Vorstellungen davon, wie Sie Ihre Zeit im Ruhestand gestalten möchten, was Sie machen können und wollen. Vielleicht wissen Sie aber auch nur, was Sie gerade nicht machen möchten. Vielleicht fehlt Ihnen noch die zündende Idee für ein Engagement.

Anregungen für eigene Ideen

In diesem Kapitel finden Sie eine ganze Reihe von Beispielen dafür, was man tun kann. Sie sollen als Anregung dienen, laden zum Weiterdenken ein oder machen Ihnen vielleicht Lust darauf, etwas ganz Ähnliches oder auch etwas ganz Anderes zu tun. Die Möglichkeiten, sich zu betätigen, sind jedenfalls fast grenzenlos.

Wegweiser

Im Folgenden finden Sie auf den Seiten 78 f., 110 f. und 144 f. Tableaus mit insgesamt 101 Ideen, die sich thematisch unsortiert präsentieren. Diese Unordnung soll Ihnen möglichst viel Raum für Ihre eigenen Gedanken und Ideen lassen. Denn zu jeder hier aufgeführten Tätigkeit lassen sich ähnliche oder verwandte Aktivitäten finden.

Einige Tätigkeiten, die in den Tableaus erscheinen, sind besonders markiert. Zu allen markierten Stichwörtern finden Sie auf den dann folgenden Seiten nähere Erläuterungen.

→ Um die Vermittlung von Freiwilligendiensten aller Art kümmern sich die Freiwilligenagenturen oder -zentren (Näheres finden Sie dazu ab Seite 68 und Seite 178). Auch das Seniorenbüro in Ihrer Nähe (siehe Seite 179) ist Ihnen gern behilflich.

Die hier ausführlicher vorgestellten Projekte und Tätigkeiten sind nur eine kleine Auswahl aus den unzähligen Möglichkeiten, sich als älterer Mensch zu engagieren. Sie ist zusammengestellt aus den aktuellen Gesuchen verschiedener Freiwilligenagenturen in Deutschland.

Wahrscheinlich ist auch für Sie die eine oder andere Anregung dabei, wie Sie Ihr Leben zwar ohne Beruf, aber nicht ohne Arbeit gestalten können. Eines steht jedenfalls fest: Niemand muss sich langweilen. Es gibt für jeden, der will, etwas zu tun.

→ Einen guten Überblick über die Vielfalt des freiwilligen Engagements älterer Menschen bietet die Internetseite *www.senioren-initiativen.de.*

Selbst Projekte initiieren

Falls Sie beim Durchblättern der folgenden Seiten auf eine Tätigkeit stoßen, die Sie gern ausüben möchten, es aber in Ihrer Nähe keine Organisation gibt, in deren Rahmen so etwas möglich ist, gibt es eine einfache Lösung: Initiieren Sie selbst ein Projekt!

Dabei kann Ihnen die Freiwilligenagentur oder das Seniorenbüro in Ihrer Nähe helfen. Rufen Sie dort einfach an und stellen Sie Ihre Projektidee vor. Die erfahrenen Mitarbeiter werden Ihnen sicher bei der Suche nach einem Projektpartner behilflich sein und Ihnen mit Rat und Tat zur Seite stehen.

→ Gute Anlaufstellen für Projektentwickler sind auch die Netzwerke und Initiativen, die die Bundesländer für das bürgerschaftliche Engagement eingerichtet haben. Die Adressen der Internetseiten finden Sie auf Seite 183.

→ Zudem haben Sie die Möglichkeit, als *senior*Trainer oder *senior*Trainerin alle notwendigen Kompetenzen zu erwerben, um selbst Projekte ins Leben rufen und aufbauen zu können. Nähere Informationen zur Ausbildung zum *senior*Trainer finden Sie ab Seite 173.

Ideentableau I

- Stadtrundgänge und Umlanderkundungen begleiten
- Leichte Büroarbeiten für eine wohltätige Organisation ausführen
- **Grünanlagen betreuen** Seite 80
- Biotope pflegen
- Im Kindergarten oder mit einer Behindertengruppe basteln
- **Kranke besuchen** Seite 81
- Musik im Altenheim machen
- Patienten begleiten
- Zeittauschbörsen organisieren
- **Reparaturen ausführen** Seite 85
- Helfer bei Großveranstaltungen
- Sich in einem Verein engagieren
- **Tiere hüten und versorgen** Seite 86
- Trainings für Gewaltprävention in Schulklassen
- Angehörige von Patienten betreuen
- Strafgefangene oder Strafentlassene betreuen

Deutsch unterrichten Seite 89

Sponsoren finden und Spendengelder auftreiben

Einen Waldlehrpfad betreuen

Modeln Seite 91

Verschuldete Menschen beraten

Tagesausflüge oder Museumsbesuche für Behinderte begleiten

Krabbelkinder betreuen

Leihoma oder -opa werden Seite 93

Kulturelle Veranstaltungen planen und koordinieren

Jugendliche beim Übergang von der Schule zum Beruf unterstützen

Kindern, Jugendlichen oder Sehbehinderten vorlesen Seite 101

Gehbehinderte beim Spaziergang begleiten

In Museen Führungen anbieten oder Aufsicht führen

Fahr- und Einkaufsdienste für Behinderte übernehmen

Telefonseelsorge betreiben

Beschäftigungen wie Basteln, Malen, Stricken anbieten

Als Mediator Streit schlichten Seite 104

Für grüne Daumen ☙ Grünanlagen betreuen

Um die Kassen der öffentlichen Haushalte ist es nicht eben gut bestellt. Sparmaßnahmen führen nicht selten dazu, dass die Grünanlagen in Dörfern wie Städten weniger gepflegt werden. Dennoch haben Sie sicher ein Interesse daran, dass die Bäume als grüne Lungen der Städte weiterhin gesund bleiben. Und wahrscheinlich sind Sie auch daran interessiert, dass die Grünflächen und Spielplätze in Ihrer Umgebung Orte bleiben, an denen man sich wohlfühlen kann.

Patenschaft übernehmen

Hier können Sie durch die Übernahme einer Patenschaft helfen, die viele Städte mittlerweile anbieten. Meist gibt es dabei – wie beispielsweise in Braunschweig – drei Modelle: Sie können eine Patenschaft für einen oder mehrere Bäume, für einen Spielplatz oder eine Grünfläche übernehmen.

Für Bäume

Bei einer Baumpatenschaft sorgen Sie beispielsweise dafür, dass ein Baum im Sommer genug Wasser bekommt. Zu Ihren Aufgaben würde es weiterhin gehören, die zuständige Stelle in der Kommune zu benachrichtigen, wenn Sie Schäden feststellen oder eine Beschneidung notwendig ist.

Für Spielplätze

Eine Spielplatzpatenschaft besteht darin, regelmäßig ein Auge auf die Anlagen zu haben. Sie teilen der Stadtverwaltung mit, wenn Spieleinrichtungen beschädigt sind oder wenn Scherben im Sandkasten liegen. Zudem wäre es Ihre Aufgabe, den Spielplatz sauber zu halten. Vielfach klagen Städte über Gruppen von älteren Jugendlichen, die Spielplätze als Treffpunkte nutzen, leere Flaschen hinterlassen und bisweilen auch randalieren. Schaut regelmäßig ein Spielplatzpate nach dem Rechten, löst sich dieses Problem oft fast von allein.

Für Grünflächen

Bei der Grünflächenpatenschaft kümmern Sie sich um einen kleinen Park, eine Wiese oder Ähnliches in Ihrer Gegend. Sie übernehmen beispielsweise das regelmäßige Mähen der Rasenflächen. Sie melden es der Stadt, wenn die Parkeinrichtungen verschmutzt oder beschädigt sind. Und Sie halten die Anlage sauber, sodass viele Menschen Freude an ihr haben.

Ansprechpartner

Haben Sie Lust, eine Patenschaft zu übernehmen? Dann fragen Sie bei der Verwaltung in Ihrer Stadt oder Kommune nach.

Für offene Ohren ଓ Kranke besuchen

Haben Sie Lust, mit kranken und hilfsbedürftigen Menschen zu sprechen? Sind Sie bereit, einmal in der Woche einen Besuch in einem Krankenhaus oder einem Altenheim zu machen? Um dort Menschen zu helfen, die sonst wenig oder gar keinen Besuch bekämen? Dann werden Sie doch einfach grün!

Grüne Damen und Herren

Grüne Damen und Herren sind ehrenamtlich in Krankenhäusern und Altenheimen tätig. Sie übernehmen ganz unterschiedliche Aufgaben, die alle das gleiche Ziel haben: den Patienten oder Heimbewohnern den Aufenthalt angenehmer zu machen.

Zu den Tätigkeiten dieser ehrenamtlichen Kräfte gehören folgende:

- Sie sprechen mit den Patienten und hören ihnen zu.
- Sie begleiten die Patienten bei den Gängen durch das Krankenhaus – empfangen sie, bringen sie ins Zimmer, zu verschiedenen Untersuchungen, zum Gottesdienst oder gehen mit ihnen spazieren.
- Sie lesen vor.
- Sie helfen beim Telefonieren und Briefeschreiben.
- Sie spielen, basteln und singen mit kleinen wie großen Patienten.
- Sie besorgen kleine persönliche Dinge.
- Sie verleihen Bücher und fahren dazu mit Bücherwagen über die Stationen.

Was Sie als Grüne Dame oder Herr genau machen, ist Ihnen weitgehend selbst überlassen. Zusammen mit dem hauptamtlichen Personal in der Einrichtung, in der Sie arbeiten wollen, werden Sie herausfinden, wie Sie am besten helfen können. Pflegerische und hauswirtschaftliche Aufgaben werden jedoch nicht übernommen.

„Meine Zeit in der Klinik ist zu kostbar, um auch nur Minuten mit dem Suchen einer Blumenvase zu verbringen. Aber wenn mich zum Beispiel ein Mann bittet, ein Geburtstagsgeschenk für seine Frau zu besorgen, erfülle ich ihm gerne diesen Wunsch.“ Ella H. (71), Grüne Dame

Sie ergänzen als ehrenamtliche Helfer die ärztlichen, pflegerischen, therapeutischen und seelsorgerischen Bemühungen um die Patienten. Sie tun Dinge, für die die Hauptamtlichen in den Einrichtungen keine Zeit mehr haben. Dabei sind Sie in vielfacher Hinsicht eine Brücke zum Leben außerhalb der Klinik oder des Heimes.

Ihren Namen tragen die Grünen Damen und Herren übrigens, weil sie in der Regel während ihrer Tätigkeit grüne Kittel tragen. So sind sie leicht vom Klinikpersonal und den Mitarbeitern im Altenheim, aber auch von den normalen Besuchern dort zu unterscheiden.

Voraussetzungen

Mitarbeiten können Menschen, die kontaktfreudig sind, Erfahrung im Umgang mit Menschen haben und gut mit anderen zusammenarbeiten können. Sie müssen bereit sein, sich unauffällig und zugleich zuverlässig in die Organisation des Krankenhauses oder des Altenheimes einzuordnen. Sie sollten sich physisch und psychisch der Aufgabe gewachsen fühlen, kranke, behinderte und einsame Menschen zu begleiten. Die Patienten rechnen selbstverständlich mit Ihrer Verschwiegenheit.

Einführungsseminare

Im Allgemeinen beginnen Grüne Damen und Herren ihren Dienst nach einer sorgfältigen Einführung. Mancherorts finden sogar spezielle Einführungsseminare statt.

Regelmäßiger Erfahrungsaustausch

Während der Tätigkeit kommen alle Mitarbeitenden einer Gruppe in regelmäßigen Abständen zum Gedanken- und Erfahrungsaustausch zusammen. Zu diesen Treffen, die meist in den Einrichtungen selbst stattfinden, werden dann gelegentlich auch Hauptamtliche aus dem Haus eingeladen, die über ihr Fachgebiet referieren und den Ehrenamtlichen auf diesem Wege ein gewisses Hintergrundwissen vermitteln.

Fortbildungen

Die Evangelische Kranken- und Altenhilfe unterstützt die Arbeit, indem sie regelmäßig Fortbildungen anbietet. Dort wird etwa über häufig auftretende Krankheiten informiert, oder erfahrene Seelsorger und Psychologen berichten über die Betreuung von Schwerkranken.

Der Dienst der Evangelischen Kranken- und Altenhilfe wird in erster Linie in Einrichtungen von evangelischen Trägern geleistet. Er steht aber auch allen anderen Krankenhäusern und Altenhilfeeinrichtungen zur Verfügung.

Zeitaufwand

Das Kapital der Grünen Damen und Herren ist die Zeit, die sie verschenken. In der Regel leisten sie einmal pro Woche für etwa drei Stunden Dienst im Krankenhaus oder im Altenheim. Der genaue Zeitaufwand ist jedoch abhängig von den Bedürfnissen des jeweiligen Hauses.

„Einige Patienten wissen, dass wir kommen, und warten schon auf uns. Außerdem können wir das Krankenhauspersonal nur dann wirklich mit unserer Arbeit unterstützen, wenn wir regelmäßig einmal pro Woche kommen. Nur dann werden wir auch ernst genommen und in die Betreuung von Patienten einbezogen." Ella H. (71), Grüne Dame

eKH

Die heutige Evangelische Kranken- und Altenhilfe (kurz: eKH) wurde 1969 von Brigitte Schröder, der Ehefrau des früheren Bundesministers Gerhard Schröder, gegründet. Angeregt wurde sie dabei durch den Volunteer Service in den USA und die sich in den 60er-Jahren deutlich verändernde Situation in den Krankenhäusern.

Die Personalkosten stiegen, die Verweildauer der Patienten wurde kürzer. Immer weniger Schwestern und Pfleger mussten immer mehr Arbeit leisten, denn in der kurzen Zeit seines Aufenthaltes erfährt der Patient eine sehr intensive Behandlung, und das bedeutet eine große Beanspruchung des Pflegepersonals. Dem Personal fehlte zunehmend die Zeit, sich um die menschlichen und seelischen Nöte der ihnen anvertrauten Patienten zu kümmern. So entstand die Idee für einen im Krankenhaus verankerten ehrenamtlichen Besuchsdienst.

Heute sind über 11.000 Grüne Damen und Herren im Rahmen der Evangelischen Kranken- und Altenhilfe in über 700 Einrichtungen tätig. Der weitaus größte Teil ist weiblich.

Ansprechpartner
Weitere Informationen erhalten Sie bei der Bundesgeschäftsstelle der eKH

eKH-Bundesgeschäftsstelle
Grüne Damen & Herren
Caroline-Michaelis-Straße 1, 10115 Berlin
Tel.: 030 / 257 617 94, Fax: 030 / 257 617 96
info@ekh-deutschland.de, www.ekh-deutschland.de

Für Bastler und Heimwerker

Reparaturen ausführen

Haben Sie handwerkliches Geschick? Möchten Sie hilfesuchende Menschen unterstützen? Haben Sie Lust, hin und wieder Reparaturarbeiten auszuführen? Dann lesen Sie hier weiter.

In vielen Städten bieten zum Beispiel die Freiwilligen-Zentren der Caritas einen Service für Menschen an, die es sich nicht leisten können, für Reparaturen einen Handwerker in Anspruch zu nehmen.

Bedürftigen helfen

Rentner, die gern handwerken, haben über diesen Service die Möglichkeit, Bedürftigen zu helfen. Sie reparieren – vorwiegend in sozialen Brennpunkten – beispielsweise Waschmaschinen, Fernseher, Küchengeräte, dichten tropfende Wasserhähne ab, isolieren Wände etc. Und ganz nebenbei ist ihr Besuch für die oft alleinstehenden Hilfebedürftigen eine sehr willkommene Abwechslung.

„Wir reparieren Toaster und Seelen." Jürgen N. (61), der ehrenamtlich bei der Mobilen Werkstatt Hasenbergl arbeitet

Ansprechpartner

Falls Sie Interesse haben, Ihre handwerklichen Fähigkeiten in einem solchen Rahmen einzusetzen, wenden Sie sich an die Freiwilligenagentur in Ihrer Nähe.

Falls es noch keine solche Initiative in Ihrer Gegend gibt, ist das natürlich kein Grund, die Idee fallen zu lassen. Machen Sie im Bekanntenkreis Werbung für diese Idee und gründen Sie einen eigenen Verein. Auch dabei können Ihnen die Freiwilligenagenturen und Seniorenbüros in Ihrer Nähe mit Rat und Tat zur Seite stehen (→siehe Seite 178 f.).

Ein Beispiel aus Hessen

In Wiesbaden gibt es beispielsweise einen Kleinreparatur-Dienst. Die ehrenamtlichen Helfer führen unter dem Motto „Rentner helfen Rentnern" Reparaturen an Haushaltsgeräten und Kleinmöbeln für ältere Mitbürger in einer Werkstatt der Evangelischen Paulusgemeinde Erbenheim durch. Dabei werden nur die Materialkosten berechnet. Zudem können kleinere Geräte auch auf Wunsch abgeholt und zurückgebracht werden. Die Werkstatt ist zweimal wöchentlich am Vormittag geöffnet.

Für Tierliebhaber ☙ Tiere hüten und versorgen

Für viele Tierhalter werden Urlaube, Dienstreisen oder Krankenhausaufenthalte zu einem großen Problem, wenn sie keinen Betreuer für ihre mehr oder weniger haarigen Vierbeiner haben. Nicht jedes Herrchen oder Frauchen bringt es übers Herz, sein Haustier in Tierpensionen oder Tierheimen unterzubringen. Sie suchen nach geeigneten Gastfamilien und Tiersittern.

Haben Sie sich vielleicht immer schon ein Haustier gewünscht, mochten sich aber nie langfristig binden? Oder wünschen Sie sich ein Tier, möchten aber erst einmal testen, was das praktisch für Sie bedeutet? Oder haben Sie bereits Erfahrung im Umgang mit Haustieren und Lust – gegen eine kleine Aufwandsentschädigung –, ein Tier für eine begrenzte Zeit aufzunehmen? Dann werden Sie Tiersitter.

Diesen Dienst können Sie sehr einfach selbst anbieten – etwa über eine Anzeige in einer Lokalzeitung oder Aushänge im Supermarkt in Ihrer Nähe.

Vermittlungsagentur

Eine andere Möglichkeit ist, sich an eine Vermittlungsagentur zu wenden, die zueinander passende Tiersitter und Tierhalter zusammenbringt.

Sie lassen sich dann in die Datenbank der Agentur aufnehmen. Die Agentur prüft zuvor, ob Sie als Tiersitter geeignet sind. Sie prüft zudem, ob Sie ein Haustier in Ihrer Wohnung oder Ihrem Haus artgerecht unterbringen können. Sie erhalten dann – sobald ein Tierhalter einen Betreuungsbedarf meldet – das Angebot, ein Tier aufzunehmen, es in seiner heimischen Umgebung zu besuchen und zu versorgen oder mit einem Hund Gassi zu gehen.

Vor Beginn der Betreuung findet oft ein ausgiebiges Kennenlernen statt, bei dem festgestellt werden soll, ob das Tier, sein Halter und Sie als Tiersitter miteinander klarkommen.

Hier finden Sie einige Beispiele für solche überregionalen Vermittlungsagenturen:
www.betreut.de/tierbetreuung
www.tierhelden.de
tiersitter.com
www.hallohaustier.de
www.pfotensitter.de

Viele Agenturen arbeiten regional, so zum Beispiel:
www.tiersitterservice-nrw.de (in Nordrhein-Westfalen)
www.hassoundfelix.de (in München und Umgebung)

„Übrigens sind es gerade unsere älteren Mitmenschen, die bei unseren ‚tierischen Kunden' ganz besonders gefragt sind. Sie scheinen ihre Gäste ganz besonders liebevoll und fürsorglich zu betreuen – das hören wir immer wieder von unseren Tierhaltern." Petra Ostermann, die Gründerin von Hasso & Felix

Aufwandsentschädigung

Die Vermittlungskosten trägt der Tierhalter, der Ihnen auch eine geringe Aufwandsentschädigung – ein kleines Taschengeld – zahlt.

Die Preise sind je nach Tierart und Dauer der Betreuung gestaffelt und je nach Vermittlungsagentur unterschiedlich. Für die Halbtagsbetreuung eines Hundes erhält der Tiersitter etwa 7 Euro. Der tägliche Hausbesuch wird mit ca. 7 Euro vergütet. Für die Unterbringung einer Katze erhält die Gastfamilie 7 bis 10 Euro pro Tag. Der Gassi-Service für Berufstätige, bei dem die Tiersitter den Hund etwa eine Stunde lang ausführen, wird mit ca. 8 Euro vergütet.

Hilfe in Tierheimen

Eine andere Möglichkeit, regelmäßig Tiere zu betreuen, bieten die Tierheime in Ihrer Nähe, in denen Sie ehrenamtlich tätig sein können. So wie zum Beispiel Hildegard O. Die 69-Jährige fährt seit zehn Jahren mehrmals pro Woche ins Tierheim, um die dort in den Zwingern wartenden Hunde zum Spaziergang abzuholen.

„Ich nehme in erster Linie schwierige Hunde – zum Beispiel Tiere, die sich anscheinend schon aufgegeben haben." Diese Problemtiere versucht Hildegard O. so weit zu sozialisieren, dass das Tierheim sie an neue Besitzer vermitteln kann. „Außerdem geht es natürlich auch darum, dass die Hunde ab und zu Auslauf bekommen, denn das Tierheimpersonal hat einfach keine Zeit, mit den Tieren auch noch spazieren zu gehen."

Falls Sie Interesse an einer solchen Tätigkeit haben, wenden Sie sich einfach an das nächste Tierheim. Dort wird man Sie als engagierten Tierfreund sicher mit offenen Armen empfangen.

Für Sprachgewandte ❧ Deutsch unterrichten

Integration ist ein großes Thema unserer Zeit. Eine wesentliche Voraussetzung dafür, dass Integration gelingen kann, sind Sprachkenntnisse. Doch gerade Migrantinnen, die in Deutschland nicht in einen Arbeitsprozess eingebunden sind, haben häufig nur geringe Deutschkenntnisse. Vielleicht ist es ihnen nicht möglich, kostenpflichtige Kurse zu besuchen.

Daher bieten Wohlfahrtsverbände, kirchliche Organisationen, Nachbarschaftshilfen, Vereine zur Förderung der Integration oder Gruppen im Bereich der Flüchtlingshilfe für diese Zielgruppe kostenlose Deutschkurse an.

Deutsch als Fremdsprache

Falls Sie sich mit der deutschen Sprache auskennen, Spaß am Unterrichten haben und sich für die Integration von Ausländern engagieren möchten, können Sie Deutsch als Fremdsprache unterrichten.

Zwei Beispiele

So wie zum Beispiel Norbert M.: Der pensionierte Gymnasiallehrer unterrichtet in München einmal pro Woche fünf Frauen und deren Kinder, die im Grundschulalter sind. Diese Tätigkeit wurde dem 66-Jährigen von der Freiwilligenagentur Tatendrang vermittelt.

„Die vier türkischen Frauen und die Frau aus Zentralafrika, die zu mir kommen, leiden darunter, dass sie ihren Kindern in der Schule nicht mehr helfen können. Sie wollen deshalb richtig Deutsch lernen." Norbert M. (66), der Deutschkurse für Migrantinnen durchführt

Auch Herta A. unterrichtet ehrenamtlich. Sie arbeitet für den Sozialdienst katholischer Frauen in Mainz. An zwei Abenden in der Woche betreut die ehemalige Lehrerin für Englisch und Geografie eine Gruppe von acht Frauen, die aus Jordanien, Afghanistan, der Türkei und dem Irak stammen.

Ihr Ziel ist es, den Migrantinnen so viel Deutsch beizubringen, dass sie die praktischen Dinge des Alltags in Deutschland bewältigen können. Sie lernen einzukaufen, nach dem Weg zu fragen, Formulare auszufüllen etc.

„Man merkt, dass sie sich bemühen, dass sie sich freuen, dass sie kommen können und dass sie es genießen, mit anderen Frauen zusammen zu sein, von zu Hause weg zu sein."
Herta A. (68), die Ausländerinnen Deutsch beibringt

Für die ehrenamtlichen Lehrer und Lehrerinnen ist die Arbeit mit den Migrantinnen eine Bereicherung – und immer mit der Erweiterung des eigenen Horizonts und dem Erwerb neuer Kenntnisse über fremde Kulturen und Lebensformen verbunden.

Ansprechpartner

Falls Sie an einer solchen Tätigkeit interessiert sind, melden Sie sich bei dem nächsten Seniorenbüro oder bei der nächsten Freiwilligenagentur. Oder wenden Sie sich an die Stelle, die in der Stadtverwaltung für multikulturelle Angelegenheiten zuständig ist.

Für Schöne und Ausdrucksstarke ☙ Modeln

Haben Sie ein ausdrucksstarkes Gesicht? Sind Sie sehr fotogen? Sehen Sie ungewöhnlich gut aus? Haben Sie besonders schöne Falten, besonders schöne Hände oder Füße? So schön, dass Sie vielleicht sogar Geld damit verdienen können? Dann ist für Sie vielleicht die Arbeit als Model genau das Richtige.

Seit einigen Jahren entdeckt die Werbung zunehmend die Generation der Älteren – und zwar nicht nur als Kunden. Immer mehr Produkte werden extra für Senioren entwickelt. Da liegt es nahe, dass sie auch mit Bildern beworben werden, auf denen die Zielgruppe der Produkte zu sehen ist. So sucht die Werbung nach Schönheiten des Alters – ob für Modemagazine, Anzeigenkampagnen oder Fernsehspots.

Schön, flexibel und mobil

Neben Ihrem strahlenden Äußeren und einer guten Figur brauchen Sie für diesen Job viel Disziplin. Zudem wird von Ihnen ein hohes Maß an Flexibilität und Mobilität erwartet. Denn Ihr zukünftiger Auftraggeber bestellt Sie vielleicht zu einem Fototermin am anderen Ende Deutschlands, er kann aber genauso gut von Ihnen erwarten, dass Sie für ein TV-Shooting nach Südafrika fliegen.

Vermittlungsagenturen

Mehrere Agenturen haben sich in Deutschland und der Schweiz auf die Vermittlung von Seniormodels spezialisiert. Dabei muss man allerdings bedenken, dass in der Modelbranche bereits 35-Jährige zu den Senioren gezählt werden. Aber wie dem auch sei: Die Agenturen vermitteln seit 15 Jahren Models bis zu einem stolzen Alter von 95 Jahren.

Siegel-MODELS-BERLIN war im Übrigen die erste Agentur weltweit, die sich ausschließlich auf die Vermittlung von Models ab 50 Jahren spezialisiert hat.

Siegel-MODELS-BERLIN, Nicola Siegel
Heimstr. 22, 10965 Berlin
Tel.: 030 / 772 067 61, Fax: 030 / 770 298 95
siegel@siegelmodelsberlin.de, www. siegelmodelsberlin.de

Werbeagentur Florstedt GmbH
Schwerinstr. 30, 45476 Mülheim an der Ruhr
Tel.: 02 08 / 40 90 899, Fax: 02 08 / 40 90 898
post@seniorenmodelle.de, www.seniorenmodelle.de

Agentur models best ager
Astrid Scheibner
Hugo-Brunninger-Str. 4, 82216 Maisach
Tel.: 0 81 42 / 410 21 26 und 0172 / 822 81 96
Fax: 0 81 42 / 4 10 21 27
info@models-best-ager.de, www.models-best-ager.de

BestAgeModels
Hamburg-Zürich
Sibylle Kurth
Segantinistr. 49, CH-8049 Zürich
Tel.: 0173 93 82 022 und +41-79 86 86 132
info@bestagemodels.de, www.bestagemodels.de

Für Kinderfreunde ☙

Als Leihoma oder -opa Familien helfen

Haben Sie selbst keine Enkelkinder oder wohnen sie so weit weg, dass ein regelmäßiger Kontakt kaum möglich ist? Haben Sie Lust, junge Familien zu unterstützen? Dann werden Sie doch Leihoma oder Leihopa!

Während es in früheren Zeiten die Regel war, dass mehrere Generationen einer Familie zusammenwohnten und sich gegenseitig halfen, wird dieses Modell heute immer seltener.

„Ich vermisse oft den festen Bezug zur Großelterngeneration in Familien. Für beide Generationen bedeutet das eine Entbehrung und eine gegenseitige Entfremdung. Dabei können ältere Menschen mit ihrer Lebenserfahrung Kindergarten- und Grundschulkinder unterstützen, und umgekehrt bereichern Kinder den Alltag der älteren Generation." Franz S., *senior*Trainer, der in Taunusstein generationsübergreifende Projekte initiiert

Der Zusammenhalt der Familie ist heute lockerer. Die Zahl derjenigen, die mit der Erziehung ihrer Kinder weitgehend allein dastehen, steigt. Hier können ehrenamtliche Aktivpaten helfen.

Patenschaft ist nicht gleich Patenschaft

Internationale Kinderpatenschaften

Vielleicht kennen Sie den Begriff „Patenschaft" eher aus einem anderen Zusammenhang. Zahlreiche Organisationen wie etwa „World Vision", die „Kindernothilfe" oder „Plan International" bieten internationale Kinderpatenschaften an. Hier geht es jedoch in erster Linie um ein finanzielles Engagement. Mit einer regelmäßigen Spende unterstützen Sie ein Kind in einer Krisenregion. Sie helfen so dabei mit, dass ein Kind regelmäßig genug Nahrung und Kleidung bekommt. Oder Ihre Spenden ermöglichen einem jungen Menschen, dass er eine Ausbildung machen kann.

Aktivpatenschaften
Bei den Aktivpatenschaften, die hier näher vorgestellt werden, geht es nicht um Ihr finanzielles Engagement. Bei diesen örtlichen Patenschaften zählt nicht Ihr Geld, sondern der Einsatz Ihrer Zeit und Ihrer Fürsorge.

Aktivpaten kümmern sich relativ regelmäßig einige Stunden pro Woche um ein Kind oder einen Jugendlichen. Dabei gestalten der Pate und sein Patenkind ihre gemeinsame Zeit in der Regel selbst. Sie machen einfach, wozu beide Lust haben: Sie spielen gemeinsam oder treiben zusammen Sport, lesen einander vor, gehen einem gemeinsamen Hobby nach oder reden miteinander. Oder sie erledigen zusammen, wenn etwas ansteht – zum Beispiel das Üben für die Mathearbeit oder die Suche nach einer Praktikantenstelle.

Alter der Patenkinder

Die Patenkinder sind in der Regel unter 25 Jahre alt. Viele stammen aus Einelternfamilien oder aus Kleinfamilien mit wenig Kontakt zu Verwandten und Nachbarn. Andere wiederum leben in sehr großen Familien, in denen wenig Raum für den Einzelnen ist. Und schließlich werden auch Patenkinder vermittelt, die in Heimen wohnen.

Die Paten sind für die Kinder und Jugendlichen wichtige Bezugspersonen, die zuhören und auf ihre Wünsche und Probleme eingehen können. Patenschaften haben im Grunde immer das Ziel mitzuhelfen, dass aus einem jungen Menschen ein zufriedener und verantwortungsvoller Bürger wird.

Big Brother/Big Sister of America – Idee aus den USA
Die Idee der örtlichen Aktivpatenschaften kommt ursprünglich aus den USA. Vor über 100 Jahren nahmen sich dort einige Bürger in den jungen Industriestädten an der Ostküste der Straßenkinder an, um sie vor Kriminalität und Ausgrenzung zu bewahren. Mittlerweile werden diese Patenschaften nicht nur in den USA, sondern auch in anderen Ländern praktiziert. Die größte der Patenschaftsorganisationen ist Big Brother/ Big Sister of America. Allein in Nordamerika gibt es 325 regionale Büros. Mehr als 200.000 Kinder treffen sich hier regelmäßig mit ihren Mentoren.

Teil der Familie

Vielfach reicht die Beziehung, die die Paten aufbauen, jedoch auch über das Verhältnis zum Patenkind hinaus. Aktivpaten werden schnell ein Teil der Familie – und sei sie auch noch so klein. Das ist mitunter ein positiver und gewollter Nebeneffekt, der sich im Laufe der Zeit einstellt.

„Seit inzwischen schon fast acht Jahren betreuen ‚unsere Wunschgroßeltern' zwar in erster Linie meinen Sohn Karl, aber auch mich und unsere Katze Callas. Es hat sich ein wunderbares familiäres Verhältnis über all die vielen verschiedenen Entwicklungsstufen von Karl herausgebildet.

Die neuen Großeltern sind unersetzlich, weil sie inzwischen auf so praktische und vielfältige – manchmal kaum zumutbare – Art und Weise direkt in unser Leben eingebunden sind. Karl hat ein ihn liebendes, verlässliches und komplettes Großelternpaar direkt in unserer Stadt an seiner Seite und konnte eine feste Beziehung zu ihnen aufbauen. (Die anderen Großeltern wohnen weit weg.)

Für ihn und für uns lässt sich kein Unterschied mehr zwischen leiblichen und ‚geliehenen' Großeltern feststellen. Der Einsatz der ‚Wunschis' hatte bisher auf unser Leben einen deutlich positiven Einfluss, den ich als Mutter niemals mehr missen möchte." Eine Mutter, die über den Verein PATENSCHAFTEN-AKTIV Leihgroßeltern gefunden hat

Familienpatenschaften

Es gibt aber Patenschaften, die sich von vornherein auf eine ganze Familie beziehen. Bei solchen Familienpatenschaften kümmert sich die Patin oder der Pate regelmäßig um eine junge Familie mit kleinen Kindern. Dabei hat es die Familie aus den verschiedensten Gründen besonders schwer, mit dem täglichen Leben und der Kindererziehung zurechtzukommen. Die Eltern brauchen vielfach praktische Ratschläge und moralische Unterstützung.

Der Anstoß für eine Patenschaft kommt in der Regel von den Patenkindern und ihren gesetzlichen Vertretern. Manchmal dienen als Vermittler auch Sozialhelfer oder Lehrer.

Motive der Paten

Weit über tausend Wahlgroßeltern sind in Deutschland aktiv. Sie genießen nicht nur ihre Zeit mit den Wahlenkeln, sondern auch das Gefühl, wichtig zu sein und gebraucht zu werden.

Die meisten von ihnen übernehmen diese Aufgabe, weil sie sich selbst Familienanschluss wünschen. Zudem haben die meisten von ihnen selbst erfahren, wie wichtig das Vorbild eines verantwortungsvollen Erwachsenen für die persönliche Entwicklung sein kann. Nun haben sie sich dazu entschieden, ihre eigenen Lebenserfahrungen weiterzugeben. Dabei lernen sie, die scheinbar altvertraute Welt noch einmal mit den Augen eines Kindes zu entdecken.

„Ich bin eine Ersatz-Oma und fand meinen fünfjährigen Lausbub und seine sehr netten Eltern über einen Kindergarten in der gleichen Stadt. Eine feine Sache, für ein Kind da sein zu können. Man lernt Fußball spielen: ‚Nein, Oma, du hast kein Tor, du musst besser kämpfen beim Spielen‘ ... und er lernt von mir, dass man beim Schachspiel nicht mogeln darf.“

Eine Leihoma

Wahlgroßeltern bauen in der Regel eine enge und langfristig angelegte Beziehung zu ihren Paten auf, die natürlich auch mit Emotionen und viel Verantwortung verbunden ist.

Vielleicht erscheint Ihnen diese Art des Engagements im Prinzip sehr reizvoll, und dennoch scheuen Sie den Schritt, eine solche Patenschaft zu übernehmen. Weil Sie sich den Ansprüchen nicht gewachsen sehen. Weil Sie Sorge haben, sich zu stark zu binden. Weil Sie sich scheuen, ein so enges persönliches Verhältnis aufzubauen. Ist das der Fall, dann gibt es für Sie noch alternative Möglichkeiten, sich in diesem Bereich zu engagieren.

Alternativen

Sie können beispielsweise in einer Gruppe von Kindern und Jugendlichen und ehrenamtlichen Senioren mitarbeiten. Solche Gruppenarbeiten finden in Kindertagesstätten (Spielen, Erzählen), Schulen (Hausaufgabenhilfe, Ausflugsbegleitung) und in Jugendheimen (Hobbys, Projektbegleitung) statt. Ein Beispiel für solche Tätigkeiten ist etwa die Hausaufgabenbetreuung.

Hilfe für eine bestimmte Zeit

Sie können aber auch ein Kind, einen Jugendlichen oder eine Familie für einen genau bestimmten Zeitraum – etwa in einer besonderen Notsituation – betreuen. Ein Beispiel dafür ist etwa die Phase kurz nach der Geburt eines Kindes. In den ersten Wochen nach der Geburt brauchen viele Familien einfach Unterstützung im Haushalt, bei der Betreuung der Geschwisterkinder etc.

Ein Beispiel aus Bonn

Ein Verein, der in Bonn und Umgebung ehrenamtliche Helfer und Familien, die nach einer Geburt Unterstützung brauchen, zusammenbringt, stellt sich auf dieser Website vor:
www.familienkreis-bonn.de.

Darüber hinaus gibt es auch Patenschaften, die sich auf eine bestimmte Aufgabe beziehen – etwa die Suche nach einem Ausbildungsplatz oder einer ersten Arbeitsstelle. Näheres finden Sie dazu unter „Berufseinsteiger beraten“ ab Seite 128. Solche Patenschaften übernehmen übrigens vorwiegend Männer, während es deutlich mehr Leihomas als Leihopas gibt.

Unentgeltlich

So unterschiedlich die Arbeit von Aktivpaten im Einzelnen auch aussehen kann, im Prinzip ist ihnen gemeinsam, dass sie sich ehrenamtlich zur Verfügung stellen. Mitunter einigen sich Eltern und Wahlgroßeltern auf die Erstattung von Fahrtkosten. Einige Eltern sind auch in der Lage, einen geringen Stundenlohn von 3 bis 5 Euro zu zahlen. Das ist jedoch eher die Ausnahme als die Regel.

Große Nachfrage

Wie viel Engagement Sie sich im Einzelnen auch zutrauen mögen: Patengroßeltern werden in jedem Fall dringend gesucht! Die Nachfrage nach Aktivpatenschaften ist zehnmal so groß wie das Angebot an Aktivpaten.

Vermittlungsbüros

Es gibt in Deutschland zahlreiche lokale Vermittlungsbüros, über die in den letzten Jahren weit mehr als tausend Aktivpatenschaften zustande gekommen sind. Die meisten von ihnen werden von dem Lokalbüro einer der großen Wohlfahrtsorganisationen (Caritas, Diakonie, AWO usw.), den Gemeinden, den Freiwilligenagenturen und den Seniorenbüros getragen.

Big friends for Youngsters
In Berlin vermittelt das Netzwerk „Big Friends for Youngsters" (biffy) Patenschaften.

Büro biffy Berlin - Big Friends for Youngsters e.V.
im Haus der Parität, Grimmstraße 16, 10967 Berlin
Tel.: 030 / 311 66 00-88
Sprechzeiten: Dienstag und Freitag jeweils 14-19 Uhr
koordination@biffy-berlin.de, www.biffy-berlin.de

Die lokalen Vermittlungsbüros achten darauf, dass die Erwartungen der Paten und des Patenkindes möglichst gut aufeinander abgestimmt sind. Sie sorgen dafür, dass die Patenschaften sicher und erfolgreich ablaufen, und sie stehen den Paten wie auch den Vertretern der Patenkinder während der Patenschaft mit Ratschlägen zur Verfügung.

Ansprechpartner

Wo das für Sie nächstgelegene Vermittlungsbüro ist und wer dort Ihr Ansprechpartner ist, können Sie beim Förderverein Patenschaften-Aktiv erfragen.
Patenschaften-Aktiv e.V.
Ungererstr. 19, 80802 München, Tel.: 089 / 420 951 60-70
info@patenschaften-aktiv.de, www.patenschaften-aktiv.de

Selbst eine Patenschaftsorganisation gründen

Auch wenn die Zahl der Patenschaftsorganisationen stetig wächst, gibt es vielleicht noch keine Organisation dieser Art in Ihrer Nähe. Bevor Sie lange warten, bis sich in dieser Richtung etwas tut, sollten Sie die Dinge selbst in die Hand nehmen. Gründen Sie doch einfach eine eigene Patenschaftsorganisation.

Die meisten existierenden Patenschaftsorganisationen sind aufgrund privater Initiativen entstanden. Sie brauchen nur Mut und Organisationstalent. Dann sollten Sie gute Kontakte zu lokalen humanitären Einrichtungen und den lokalen Medien aufbauen. Eltern und Kinder, die einen ehrenamtlichen Paten suchen, finden sich in der Regel schnell.

Die Suche nach geeigneten Paten gestaltet sich da meist schon schwieriger. Jedoch können Sie bei der Suche auf die Erfahrungen der bereits bestehenden Patenschaftsorganisationen zurückgreifen. Der Förderverein Patenschaften-Aktiv steht Ihnen gern mit Rat und Tat zur Seite (die Adresse finden Sie auf Seite 99). Oder Sie wenden sich mit Ihrer Projektidee an das Seniorenbüro oder die Freiwilligenagentur in Ihrer Nähe (→ siehe Seite 178 f.).

„Aktion zusammen wachsen"

Mit der „Aktion zusammen wachsen – Bildungspatenschaften stärken, Integration fördern" unterstützt das Bundesministerium für Familie, Senioren, Frauen und Jugend in Kooperation mit der Beauftragten der Bundesregierung für Migration, Flüchtlinge und Integration bestehende Patenschaftsprojekte für junge Menschen mit Zuwanderungshintergrund und regt die Gründung neuer Projekte an.

Auf der Homepage www.aktion-zusammen-wachsen.de können Sie sich über die sehr unterschiedlichen Formen der Patenschaften für Kinder und Jugendliche mit Migrationshintergrund informieren. Hier werden zahlreiche eindrucksvolle Patenschaftsprojekte anschaulich vorgestellt.

Über die Projektdatenbank finden Sie online sehr einfach Aktivitäten in Ihrer Nähe. Und wenn Sie Fragen haben, wenden Sie sich einfach an die
Bundesservicestelle „Aktion zusammen wachsen"
Referat 407, 50964 Köln
Tel.: 02 21 / 367 333-30, Fax: 02 21 / 367 333 22
info@aktion-zusammen-wachsen.de, www.aktion-zusammen-wachsen.de

„Mit Iris unternehme ich immer etwas Schönes. Wir machen Quatsch und toben. Ich mag gern, wenn sie auf Kita-Feste mitkommt oder mich abholt. Die anderen Kinder haben alle Verwandte, die kommen. Ich habe Iris. Sie ist meine große Freundin!"

„Wenn ich im Krankenhaus Frühdienst habe, oder auch mal am Wochenende, freue ich mich auf gemeinsame Unternehmungen mit Nikoline. Ihre aufgeschlossene und fantasievolle Art reißt mich mit und macht mir viel Freude. Nikoline lebt ansonsten mit ihrer Mutter fast ein wenig isoliert. Ihrer Mutter tut etwas Entlastung gut, nicht zuletzt, um ihre Trennungsgeschichte zu verarbeiten. Und Nikoline genießt die Abwechslung, die ungeteilte Aufmerksamkeit, und dass neben ihrer Mutter noch jemand verbindlich zu ihr steht. Klar, wer braucht das nicht?" Nikoline (6) und Iris (54), die sich über das Netzwerk „Big Friends for Youngsters" gefunden haben

Für Lesefans

Als Vorlesepate Bücherfreunde gewinnen

Sie haben großen Spaß am Lesen? Sie lieben schöne Geschichten? Und Sie möchten Ihre Begeisterung teilen und weitergeben? Der Umgang mit Kindern bereitet Ihnen Freude? Dann werden Sie doch Vorlesepate.

„Ich lese vor, weil Sprache der Schlüssel zur Bildung und zur kulturellen Teilhabe in unserer Gesellschaft ist." Bernd L., Hildesheim

Freude an Geschichten vermitteln

Möglichkeiten, Freude an Geschichten und am Lesen zu vermitteln, gibt es reichlich: zum Beispiel im nahe gelegenen Kindergarten, in der Bücherei oder der Buchhandlung nebenan, in der örtlichen Grundschule oder im nächsten Krankhaus.

„Ich lese vor, weil dadurch die Freude am Selberlesen bei den Kindern erwacht – das ist für mich das Größte." Monika N., Schweinfurt

Projekt „Vorlesepaten“

Die Ergebnisse der PISA-Studie haben vor etlichen Jahren viele Menschen in Deutschland schockiert – vor allem der Befund, dass viele Schüler über nur mangelhafte Lesefähigkeiten verfügen. Eines von den zahlreichen Projekten, die in der Folge zur Förderung der Lesekompetenz bei Kindern und Jugendlichen initiiert wurden, ist das Projekt „Vorlesepaten“ der Stiftung Lesen.

Das Projekt sollte helfen, Kindern von klein auf Spaß am Lesen zu vermitteln. Denn: Regale voller Bücher sind nutzlos, wenn Kinder damit allein gelassen werden. Genau das geschieht jedoch immer häufiger, denn Eltern und Erzieherinnen oder Erzieher finden nicht genügend Zeit, Kindern vorzulesen.

Mittlerweile haben mehr als 16.000 ehrenamtliche Vorleserinnen und Vorleser der Stiftung Lesen in ihren Heimatorten eine Vorlesepatenschaft übernommen. Das heißt: Sie führen regelmäßig Vorlesestunden durch.

Nicht nur für Kinder

Natürlich sind Vorlesepaten nicht nur für Kinder und Jugendliche gefragt. Oft suchen auch ältere Sehbehinderte und Blinde hilfsbereite Menschen, die ihnen regelmäßig vorlesen. Fragen Sie doch mal etwa in einem Seniorenheim in Ihrer Nähe nach oder bieten Sie Ihre Dienste über eine Freiwilligenagentur (→ Seite 178) an.

→ Wenn Sie die Arbeit als Vorlesepate grundsätzlich interessiert, könnte auch eine Tätigkeit als Leselernhelfer für Sie infrage kommen. Weitere Informationen dazu finden Sie ab Seite 134.

Bundesvorlesetag

Der Bundesweite Vorlesetag ist eine gemeinsame Initiative von DIE ZEIT, Stiftung Lesen und Deutsche Bahn Stiftung. Dieser Aktionstag für das Vorlesen findet seit 2004 jedes Jahr am dritten Freitag im November statt. Der Bundesweite Vorlesetag setzt ein öffentlichkeitswirksames Zeichen für die Bedeutung des Vorlesens. Ziel ist es, Begeisterung für das Lesen und Vorlesen zu wecken und Kinder bereits früh mit dem geschriebenen und erzählten Wort in Kontakt zu bringen.

Das Konzept ist einfach: Jeder, der Spaß am Vorlesen hat, liest an diesem Tag anderen vor – zum Beispiel in Schulen, Kindergärten, Bibliotheken oder Buchhandlungen. Auch an ungewöhnlichen Vorleseorten finden Aktionen statt: im Riesenrad, im Flugzeug, in einem Tierpark, in Museen oder als Guerilla-Variante auf einer viel befahrenen Kreuzung – der Fantasie sind keine Grenzen gesetzt.

2014 wurde die Rekord-Teilnehmerzahl aus dem Vorjahr noch einmal übertroffen: Nahezu 83.000 Vorleserinnen und Vorleser griffen zu den Büchern und steckten über 2,5 Millionen Zuhörer in ganz Deutschland mit ihrer Lesefreude an. Zusammen mit ihnen haben über 1.300 Politiker und 130 Prominente gezeigt, wie wichtig und schön Vorlesen ist.
www.vorlesetag.de

Hilfestellung

Die Stiftung Lesen bietet Vorlesern und Vorleserinnen zahlreiche Hilfestellungen. So stellt sie beispielsweise regelmäßig Leseempfehlungen zusammen. Zudem bietet sie Seminare für zukünftige Vorlesende an. Dort erfahren Sie, wie Sie eine Vorlesestunde gestalten, wie Sie geeignete Literatur auswählen und wie Sie Ihre Stimme am besten einsetzen. Nicht zuletzt bieten diese Seminare immer auch wertvolle Anregungen und Möglichkeiten zum Austausch mit anderen Vorleserinnen und Vorlesern.

Termine für solche Seminare sowie weitere Infos, Tipps und Ideen für Ihre nächste Vorlesestunde finden Sie unter *www.netzwerkvorlesen.de*.

Für weitere Fragen wenden Sie sich an das
Netzwerk Vorlesen (ein Angebot der Stiftung Lesen)
Frau Tina Seibert
Tel.: 06131 / 28 890-30, Fax: 01805 / 22 43 93-645
tina.seibert@stiftunglesen.de, www.netzwerkvorlesen.de

Für Streitschlichter ∞ Als Mediator vermitteln

Bleiben Sie auch in hitzigen Situationen gelassen? Können Sie gut vermitteln? Haben Sie ungewöhnliche kommunikative Fähigkeiten? Warum versuchen Sie sich nicht als Streitschlichter?

Schiedsrichter bei Konflikten

Streitschlichter – auch Mediatoren genannt – vermitteln, wenn es Probleme zwischen Menschen gibt. Sie sind eine Art Schiedsrichter zwischen den Konfliktparteien. Allerdings geben sie keine Lösung des Problems vor. Sie sorgen vielmehr in Gesprächen dafür, dass die Konfliktpartner mit Unterstützung eines neutralen Dritten einen Weg finden, ihr gemeinsames Problem einvernehmlich zu lösen. Dabei ist wichtig, dass es keinen eindeutigen Verlierer gibt, dass niemand einen Gesichtsverlust erleiden muss.

Hilfe zur Selbsthilfe

Der Mediator gibt also Hilfe zur Selbsthilfe. Er leitet das Gespräch einfühlsam und hört zu, ohne Partei zu ergreifen. Mit gezielten Fragen versucht er, Gründe für das Verhalten der beiden Parteien offenzulegen.

Streit in Schulen

In Berlin gibt es eine Vereinigung von ehrenamtlichen Mediatoren, die sich auf eine besondere Art von Problemen spezialisiert haben – die „Seniorpartner in School“.

Der Verein „Seniorpartner in School“ (SiS), der 2001 von Christiane Richter gegründet wurde, bietet allen Schulformen eine ganz besondere Zusammenarbeit an: Regelmäßig besuchen ausgebildete Streitschlichter die Partnerschulen.

Je nach Größe der Einrichtung kommen zwei „Seniorpartner“ zu festen Zeiten – an zwei bis vier Tagen jeweils für mehrere Stunden – in die Schule und sitzen gesprächsbereit in einem Raum. Es sind zwei, damit trotz eventueller Krankheit oder Urlaub für die Schule Verlässlichkeit und Kontinuität gewährleistet sind. Überdies erleichtert es den Seniorpartnern die Arbeit, wenn sie sich miteinander beraten können.

„In den früheren Großfamilien war es ganz natürlich, dass Jugendliche, die sich in einem bestimmten Alter einfach gegen Eltern und Lehrer sperren und sich von ihnen abgrenzen, ältere Familienmitglieder als Vertraute hatten, etwa Großeltern, Onkel und Tanten.“ Christiane Richter (78), Gründerin des Vereins „Seniorpartner in School“

Die Mediatoren von SiS werden nur in Schulen aktiv, in denen sich Lehrer, Eltern und Schüler mit großer Mehrheit für die Arbeit der Seniorpartner ausgesprochen haben. Für die Zusammenarbeit schließen der Verein und die jeweilige Schule einen Rahmenvertrag, der zunächst über neun Monate läuft und sich automatisch verlängert. Die Mediatoren verpflichten sich darin zur Vertraulichkeit – so verraten sie zum Beispiel einem Lehrer nicht, wer einen Streit angefangen hat. Die Schule wiederum verpflichtet sich im Vertrag, einen geeigneten Raum zu Verfügung zu stellen.

Alt und Jung

Das generationsübergreifende Projekt zielt darauf ab, dem Einsatz von Gewalt in der Schule wie auch der Gesellschaft vorzubeugen. Die Jugendlichen erweitern über die Mediation ihre sozialen wie kommunikativen Kompetenzen. Sie lernen einen für sie vielleicht ganz neuen Umgang mit Konflikten, denn viele sind gewohnt, ihre Probleme durch Gewalt zu lösen. Die Senioren bringen dabei ihren reichen Erfahrungsschatz aus über 60 Lebensjahren und oft über 40 Arbeitsjahren ein.

„Wir Älteren haben durch unsere Lebenserfahrung eine Gelassenheit, von der Junge profitieren können.“ Christiane Richter

Die Mediationsarbeit umfasst in der Regel fünf bis zehn Stunden pro Woche. Dabei finden Gespräche in Pausen und Freistunden statt, und auf Nachfrage werden auch Workshops angeboten. Vermittelt wird nicht nur zwischen den Schülern untereinander, sondern auch zwischen Lehrern und Schülern – wobei die Parteien immer freiwillig an der Mediation teilnehmen.

Die Themen, die die Konfliktparteien belasten, sind ganz unterschiedlich. Schüler fühlen sich ungerecht benotet, in einer Klasse wird gemobbt, Freundschaften zerbrechen, Liebeskummer quält.

„Im Gegensatz zu hauptberuflichen Lehrern verfügen wir Ruheständler über ausreichend Zeit und können aus einer neutralen Position und institutionell unabhängigen Rolle heraus agieren.“ Christiane Richter

Das Projekt ist 2001 in Berlin gestartet. Heute gibt es Seniorpartner in School e. V. in 13 Bundesländern. Über 1.200 Senioren engagieren sich an knapp 300 Schulen als Mediatoren und tragen so zum konstruktiven Umgang mit Konfliktsituationen an Schulen bei. Der Anteil der

Akademiker unter den Mediatoren ist relativ hoch. Die meisten Seniorpartner sind Rentner.

Voraussetzungen

Mitmachen kann im Prinzip jeder, der jungen Menschen gegenüber positiv eingestellt ist. Es wird kein spezieller beruflicher Hintergrund erwartet. Vielmehr sollen die zahlreichen und vielfältigen Interessen und Berufserfahrungen der Seniorpartner auch für zusätzliche Angebote im schulischen Alltag genutzt werden.

„Veränderung beginnt im Kleinen. Was Schüler vermissen, ist die individuelle Zuwendung. Wenn wir Jugendlichen mit Respekt begegnen und ihnen echte Sympathie entgegenbringen, akzeptieren sie uns und gewinnen Vertrauen." Eine 55-Jährige, die an einer Hauptschule in Berlin-Steglitz als Seniorpartnerin arbeitet

Um auf Problemlagen der Kinder mit unterschiedlichen Sprachen und Kulturen zukünftig besser vorbereitet zu sein, bemüht sich die SiS zunehmend darum, auch Senioren nicht deutscher Herkunft für das Projekt zu begeistern.

Vorbereitung

Bevor die Schulmediatoren ihre Tätigkeit aufnehmen, absolvieren sie ein Vorbereitungsseminar, das sich an den Vorgaben des Bundesverbandes für Mediation orientiert. Die Basisausbildung besteht aus 80 Stunden Mediationsausbildung und 16 Stunden Bildungsbegleitung, verteilt über zwei bis vier Monate. Fakultativ sind zusätzlich acht Stunden Anti-Mobbing-Techniken. Neben der Vermittlung von Methodenwissen werden während der Ausbildung in Rollenspielen unterschiedliche Temperamente analysiert und entwicklungspsychologische Kenntnisse vermittelt. So werden Mediatoren auf das vorbereitet, was sie in der Schule erwarten kann. Zudem gibt es eine 1,5-jährige

Praxisphase mit mindestens 20 Stunden Supervision bzw. kollegialer Fallberatung

Die Anzahl der Kursteilnehmer liegt zwischen 12 und 16 Personen. Ausgebildet werden Sie von professionellen Mediatorenausbildern, die von den Landesverbänden bestimmt werden. Die Ausbildungskosten trägt übrigens der Verband.

Regelmäßige Supervision

Neben dieser Ausbildung ist die regelmäßige Supervision für alle Schulteams Pflicht. Der Verein bietet zudem Weiterbildungen an und begleitet die Mediatoren während ihres freiwilligen Engagements fachlich wie persönlich.

Ansprechpartner

Wenden Sie sich für alle weiteren Fragen an den Bundesverband Seniorpartner in School e.V. Hier bekommen Sie auch den Kontakt zu den Landesverbänden, die es zurzeit in Baden-Württemberg, Bayern, Brandenburg, Hamburg, Hessen, Mecklenburg-Vorpommern, Niedersachsen, Nordrhein-Westfalen, Rheinland-Pfalz, Sachsen, Sachsen-Anhalt, Schleswig-Holstein und Thüringen gibt. Nähere Informationen erhalten Sie bei

Seniorpartner in School – Bundesverband e.V.
Geschäftsstelle
Hauptstr. 117, 10827 Berlin
Tel.: 030 / 78 79 25 56, Fax: 030 / 78 79 25 19
bundesverband@seniorpartnerinschool.de, www.seniorpartnerinschool.de

Ideentableau II

In einer Bücherei, einer Schulbibliothek oder einem Bücherbus arbeiten

Migranten bei Behördengängen begleiten

Als Zeitzeuge berichten Seite 112

Feste organisieren

Im Kindertheater Kulissen bauen und Bühnentechnik betreuen

Bahnhofsmissionen unterstützen Seite 125

Das Spielemobil des Jugendamtes begleiten

Spielgruppen betreuen

Neue Freiwilligen-projekte initiieren

Die Homepage eines Vereins erstellen und pflegen

Sterbende begleiten Seite 117

Ehemaligen Strafgefangenen bei der Wohnungssuche helfen

Familien oder allein-erziehende Mütter in der Zeit nach der Geburt eines Kindes unterstützen

Als Leselernhelfer Sprach-kompetenz fördern Seite 134

Renovierungsarbeiten übernehmen

Aufsicht im Schwimmbad führen

Eine Greifvogelstation beaufsichtigen

Freizeit für seelisch kranke Menschen gestalten

Berufseinsteiger beraten Seite 128

Ein Kochteam verstärken

Telefondienste für gemeinnützige Organisationen übernehmen

Als Senior-Experte Unternehmen im Ausland beraten Seite 138

Kaffeenachmittage betreuen

Sich parteipolitisch engagieren Seite 133

Über Umweltschutz aufklären

Sanitätsdienst bei Sport- und Kulturveranstaltungen leisten

Behinderte am Arbeitsplatz trainieren

Neubürger einer Stadt begrüßen und unterstützen Seite 132

Häftlinge betreuen

Demenzkranke betreuen und deren Angehörige unterstützen

Erste-Hilfe-Kurse durchführen

Schwerstpflegefälle im häuslichen Umfeld besuchen

Lebensmittel verteilen Seite 122

Für Geschichtenerzähler

Als Zeitzeuge berichten

Erzählen Sie gern von früher? Interessieren Sie sich für Geschichte? Haben Sie Lust, Ihre persönlichen Erinnerungen an historische Begebenheiten mitzuteilen? Dann sollten Sie sich als Zeitzeuge engagieren.

Menschen mit Erlebnissen gesucht

„Zeitgeschichte an sich ist nicht erfahrbar, sie wird als persönliche Geschichte und von jedem anders erlebt. Eine Gesellschaft verarmt, wenn sie das Wissen und die Erfahrung älterer Menschen nicht nutzt, um die kritischen Fragen der jüngeren Generation zu beantworten." Webseite der Zeitzeugenbörse

So heißt es auf den Webseiten der Berliner Zeitzeugenbörse e.V. Sie setzt sich dafür ein, die enorme Vielfalt persönlicher Erfahrungen und Erlebnisse, die jeder in sich trägt, zu sammeln und der Öffentlichkeit zugänglich zu machen. Darum sucht sie ständig ältere Menschen, die bereit sind, über ihre Erlebnisse aus vergangenen Jahrzehnten zu berichten und diese Erfahrungen zusammen mit anderen zu reflektieren.

Vermittlung an Medien und Bildungseinrichtungen

Die Zeitzeugenbörse vermittelt Zeitzeugen, die in Berlin wohnen, an Journalisten aus dem In- und Ausland, an Lehrer, Fortbilder, Studierende und andere Interessierte. So vermittelt der Verein etwa Zeitzeugen für Fernseh- und Hörfunkproduktionen.

Einen weiteren wichtigen Schwerpunkt bildet die Arbeit in den Schulen – im Geschichtsunterricht. Hier machen Zeitzeugen anschaulich und erfahrbar, was Geschichtslehrer meist nur anhand von Dokumenten darstellen können. Wie sich eine Zeit angefühlt hat, können diejenigen am besten vermitteln, die die Situation selbst erlebt haben.

„Zeitzeuge sein ist eine sinnvolle Betätigung. Als ehemaliger Bürger der DDR habe ich durch die Diskussion mit den anderen Westzeitzeugen und die Auftritte in Schulen ein besseres Verständnis für unsere Zeit bekommen." Günter S., Zeitzeuge

Daneben werden Zeitzeugen als Quellen für die wissenschaftliche Arbeit genutzt. Forschungs- oder Diplomarbeiten zu den unterschiedlichsten Themen könnten ohne die Berichte von Zeitzeugen oft gar nicht entstehen. Vielfach stehen einfach keine anderen Informationsquellen zur Verfügung.

Mögliche Themen

Nicht immer geht es bei den gesuchten Erfahrungen um große zeitgeschichtliche Ereignisse. Mitunter sind auch Zeitzeugen gefragt, wenn es darum geht, die Entwicklung von einzelnen Stadtteilen und -vierteln zu erforschen. Die folgende Auswahl an Themen soll Ihnen einen Einblick geben, worüber Zeitzeugen sprechen können:

- Weimarer Republik: Arbeitsleben, Arbeitslosigkeit, Wirtschaftskrise, Kindheit und Jugend, kulturelle Ereignisse
- NS-Zeit: Schule im NS-Regime, HJ und BDM, SA und SS, Kinderlandverschickung, Verfolgung und Vernichtung der Juden und anderer Minderheiten, Widerstand gegen NS-Regime, KZ, Emigration
- Zweiter Weltkrieg: Leben im Luftschutzbunker, Kriegsalltag, Kriegsteilnahme als Soldat, Gefangenschaft, Flucht, Evakuierung, Einmarsch der Alliierten
- Nachkriegszeit: Spaltung Berlins, Besatzungssektoren, Nachkriegsalltag, Schwarzmarkt, Luftbrücke, Währungsreform

- DDR: Staatliche und wirtschaftliche Entwicklung, Überwachung und Kontrolle, Aufstand am 17. Juni 1953, SED und Massenorganisationen, Mauerbau und Mauerfall
- Studentenbewegung: Außerparlamentarische Opposition in Deutschland, Ziele der 68er-Generation
- Berlin nach der Wiedervereinigung: Wiedervereinigung, innere Mauer zwischen Ost- und Westberlinern, Entdeckung von Gemeinsamkeiten, Berlin als Hauptstadt

Doch nicht immer geht es um große geschichtliche Themen. Interessant ist im Dialog der Generationen gerade der Alltag in früheren Zeiten. Wie wurden früher Feste gefeiert? Wie fand die Berufswahl statt? Welche Rolle spielte die Familie? Wie sah eine Kindheit früher aus?

„Erst durch die Zeitzeugenbörse, nach 50 Jahren, ist es mir möglich geworden, über den Verlust geliebter Menschen durch den Krieg zu sprechen.“ Wilhelmine Z., Zeitzeugin

Vorträge, Interviews, Diskussionen

Die Arbeit von Zeitzeugen sieht je nachdem, wer nach ihnen fragt, natürlich ganz unterschiedlich aus. Zeitzeugen können beispielsweise Vorträge in einer Familienbildungsstätte halten, an einer Diskussionsveranstaltung in einer Schule teilnehmen, am Telefon interviewt werden oder bei Filmaufnahmen fürs Fernsehen mitwirken.

Die Zeitzeugen geben jungen Menschen Antworten auf ihre Fragen und erfahren dabei selbst, wie aus ihren Geschichten Geschichte wird. Sie knüpfen neue Kontakte und kommen mit vielen Menschen ins Gespräch, die sich für ihre Erlebnisse interessieren. Ihre Beiträge machen Geschichte lebendiger und leichter verständlich. Die Wertschätzung der guten, aber oft auch schmerzlichen Lebenserfahrungen durch andere, jüngere Menschen kann helfen, die eigene Vergangenheit besser zu verstehen und aufzuarbeiten.

„Nachdem ich nicht mehr berufstätig war, hat mir die Arbeit als Zeitzeuge sehr geholfen, aus meinen depressiven Stimmungen herauszukommen." Karl-Heinz R., Zeitzeuge

Zeitzeugenbörse

Die Zeitzeugenbörse in Berlin arbeitet seit 1993 daran, Zeitzeugen zu aktuellen Themen zu finden und sie mit denjenigen, die etwas über eine bestimmte Zeit oder einen speziellen Ort erfahren wollen, zusammenzubringen.

Gründungsmitglieder waren aktive ältere Menschen aus West und Ost, die in ihren jeweiligen Vereinen schon Erfahrungen in Erinnerungsarbeit gesammelt hatten, aber auch Erwachsenenpädagogen und Gerontologen. Das schuf eine solide Grundlage für ein Projekt „ZeitZeugen-Börse", das drei Jahre lang vom Bundesministerium für Bildung, Wissenschaft, Forschung und Technologie als Modellprojekt gefördert wurde.

Vorbereitung auf die Tätigkeit

Der Verein bereitet die Zeitzeugen auf ihre Aufgaben vor. So bietet er allen neuen Zeitzeugen ein Einführungsgespräch. Zudem haben sie einmal im Monat die Gelegenheit, sich bei der Veranstaltung „Halbkreis" vor erfahrenen Zeitzeugen auszuprobieren und sich mit ihnen auszutauschen.

Ansprechpartner

Haben Sie Interesse an einer Tätigkeit als Zeitzeuge und leben Sie in Berlin? Dann melden Sie sich bei der

Zeitzeugenbörse e.V.
Ackerstr. 13, 10115 Berlin
Tel.: 030 / 440 463 78, Fax: 030 / 440 463 79
info@zeitzeugenboerse.de, www.zeitzeugenboerse.de

Weitere Zeitzeugenbörsen

Die Zeitzeugenbörse in Berlin ist die größte Börse dieser Art in Deutschland – doch bei Weitem nicht die einzige. Bundesweit gibt es mehrere hundert Gruppen, die sich in der Zeitzeugenarbeit engagieren. Vielfach sind sie über die Seniorenbüros oder die Freiwilligenagenturen in Ihrer Nähe (→ siehe Seite 178 f.) erreichbar.

Sehr aktiv ist auch die Zeitzeugenbörse in Oldenburg, die Anfang 2004 gegründet wurde. Die Arbeit der Zeitzeugen beginnt hier schon in Kindergärten und Schulhorten.

So waren etwa fünf Frauen der Agendagruppe „Zeitzeugenbörse Oldenburg" im Januar 2007 in einer Kindertagesstätte zu Gast. Die Kinder bereiteten gemeinsam mit den Seniorinnen ein leckeres Gericht zu. „Zupp-Zack" heißt es, und es ist ein altes Rezept aus Kriegszeiten. Während das Gericht in der Pfanne vor sich hin brutzelte, wurde aus Tagebüchern und anderen Zeitdokumenten vorgelesen. Zum Schluss aßen alle zusammen das fertige Zupp-Zack.

Ein weiteres Beispiel: Seit November 1997 arbeitet eine Gruppe von älteren Menschen am Zentrum für Allgemeine Wissenschaftliche Weiterbildung (ZAWiW) der Universität Ulm zusammen. Ihr Arbeitskreis hat den Namen „Forschendes Lernen" und sucht nach immer neuen Formen, wie die ältere Generation ihre Erfahrungen und ihr Wissen aufarbeiten und dann an alle weitergeben kann, die sich dafür interessieren.

Die Mitglieder des Arbeitskreises vermitteln ihre Erfahrungen nicht nur in Schulen, anderen Bildungsstätten oder Erzählcafés (→ siehe Kasten), sondern veranstalten auch Tagungen zum Thema Zeitzeugenarbeit. Sie suchen nach neuen Zeitzeugen, sichten Nachlässe und recherchieren in Archiven. Zudem erstellen sie lokalgeschichtlich orientiertes Material und Dokumentationen zum Nachlesen und -hören.

Erzählcafés

Treffpunkte der Generationen

Seit 1987 gibt es in Deutschland „Erzählcafés". Das erste wurde in Berlin-Wedding – nach amerikanischem Vorbild – ins Leben gerufen. Mittlerweile gibt es diese Treffpunkte der Generationen in vielen Städten.

Vergangenheit trifft Gegenwart

In Erzählcafés treffen sich die Menschen aus verschiedenen sozialen Milieus, Altersstufen und Herkunftsländern. Sie erzählen zu einem vorher festgelegten Thema von persönlichen Erinnerungen und tauschen in lockerer Atmosphäre ihre Lebenserfahrungen aus. Dieser Austausch soll dafür sensibilisieren, wie die Vergangenheit die Gegenwart mitbestimmt und welche Perspektiven sich daraus für die Zukunft ergeben.

Erzählcafés finden in regelmäßigen Abständen und zu einem bestimmten Thema statt. Sie sind öffentlich – alle Interessierten sind willkommen. Sie finden an ganz unterschiedlichen Orten statt, in Bildungseinrichtungen (wie der Volkshochschule, der Familienbildungsstätte), in Einrichtungen der Seniorenarbeit und Seniorenwohnanlagen, in Bürgertreffs oder in Schulen.

Für mental Starke ☙ Sterbende begleiten

Rund 95 Prozent der Bevölkerung äußern den Wunsch, zu Hause sterben zu wollen. Tatsächlich sterben aber um die 70 Prozent der Menschen in Institutionen des Gesundheitswesens wie Krankenhäusern und Pflegeheimen. Die Hospizbewegung möchte eine neue Kultur von Sterben und Leben fördern. Ihr Ziel ist es, das Leiden Sterbenskranker zu lindern und es ihnen zu ermöglichen, in ihrer vertrauten Umgebung zu bleiben. Kurz: dem Menschen ein würdevolles Sterben zu ermöglichen.

Ehrenamtliche Hospizhelferinnen und Hospizhelfer leisten Sterbebegleitung. Sie stehen gemeinsam mit Medizinern, Pflegekräften, Sozialarbeitern und Theologen sterbenskranken Menschen in ihrem letzten Lebensabschnitt zur Seite.

Psycho-soziale Begleitung

Die Hauptaufgabe der Hospizhelferinnen und Hospizhelfer ist die psycho-soziale Begleitung. Sie leisten den Sterbenden und ihren Angehörigen emotionalen Beistand und helfen bei der Auseinandersetzung mit dem bevorstehenden Tod.

Hospizhelfer leisten aber auch spirituellen Beistand. Denn die meisten Schwerstkranken haben das Bedürfnis, über Fragen nach dem Sinn von Leben, Tod und Sterben und dem Danach zu reden. Bei der Auseinandersetzung mit diesen letzten Fragen werden sie von den Hospizhelfern begleitet.

„Mit mir können sie über Dinge reden, über die sie mit ihrer Familie oft nicht reden können. Da gehört eben auch Tod, Sterben, die Beerdigung oder sonst was dazu, was die Angehörigen eigentlich nicht hören wollen.

Ich bin immer wieder erstaunt, wie offen die Menschen sind – wie offen diese Beziehung ist. Was man so erzählt bekommt, da ist ja dieses erste Treffen, da tastet man sich so langsam heran, und dann werden die Gespräche immer offener."

Hildegard B., Hospizhelferin

Daneben unterstützen die Helfer alle Betroffenen bei der Bewältigung unerledigter Probleme. Zuweilen sind es auch ganz praktische Dinge wie Einkaufen, Bügeln, Blumengießen, mit denen die Angehörigen entlastet werden können. Oder manchmal macht einfach ein Spaziergang oder ein Besuch im Café dem Schwerkranken eine große Freude.

Im engen Zusammenwirken von Pflegekräften, Angehörigen, Ärzten, Sozialarbeitern und Theologen sorgen Hospizhelfer auch dafür, dass ein Mensch am Ende seines Lebens nicht unter unerträglichen Schmerzen leiden muss. Die palliative Versorgung ist daher Bestandteil einer umfassend verstandenen Hospizarbeit.

Hospizinitiativen

Die Hospizarbeit in Deutschland wird von ehrenamtlich Tätigen getragen. Dem Engagement von Bürgern ist es zu verdanken, dass in den 80er-Jahren die ersten Hospizinitiativen in Deutschland entstehen konnten. Das erste stationäre Hospiz wurde 1986 in Aachen eröffnet. Das ehrenamtliche Engagement in diesem Bereich wuchs seither stetig und mit ihm die Zahl der Hospizeinrichtungen in Deutschland.

In Deutschland gibt es rund 1.500 ambulante Hospizdienste, 214 stationäre Hospize für Erwachsene, 14 stationäre Hospize für Kinder, Jugendliche und junge Erwachsene sowie mehr als 250 Palliativstationen in Krankenhäusern.

Dennoch ist der Bedarf an hospizlichen Angeboten noch lange nicht gedeckt. Die 214 stationären Erwachsenen-Hospize haben im Durchschnitt je ca. 10 Betten, in denen pro Jahr ca. 30.000 Menschen versorgt werden. Mehr als 100.000 Menschen engagieren sich ehrenamtlich, bürgerschaftlich sowie hauptamtlich und unterstützen die Arbeit für schwerstkranke und sterbende Menschen.

Vorbereitungskurse

Die Aufgabe der Hospizhelfer ist nicht einfach. Darum bieten die regionalen und überregionalen Einrichtungen, die diese Helfer einsetzen, umfangreiche Vorbereitungskurse an. Doch auch während der Ausübung der Tätigkeit werden die Helfer fachlich unterstützt. Vielfach besteht die Möglichkeit der Supervision.

Zeitaufwand

Über den zeitlichen Aufwand für die Tätigkeit der Hospizhelfer lässt sich schwer etwas Allgemeines sagen. Er ist natürlich sehr stark davon abhängig, wie viel Unterstützung der von Ihnen betreute Schwerkranke und seine Angehörigen brauchen.

„Manchmal bin ich einen Tag in der Woche für drei Stunden bei dem Sterbenden, manchmal auch an zwei oder drei Tagen. Wenn der Tod näher rückt, kann es natürlich öfter sein; je nachdem, ob noch Angehörige da sind oder nicht."

Irmgard B., ehrenamtliche Mitarbeiterin der Hospizinitiative Essen-Nord

Ansprechpartner

Wenn Sie sich ehrenamtlich in der Hospizbewegung engagieren wollen, können Sie Kontakt zum Deutschen Hospiz- und PalliativVerband aufnehmen. Dort hilft man Ihnen, eine Hospizeinrichtung in Ihrer Nähe zu finden.

Deutscher Hospiz- und PalliativVerband e.V.
Aachener Str. 5, 10713 Berlin
Tel.: 030 / 820 07 58-0, Fax: 030 / 820 07 58-13
info@dhpv.de, www.dhpv.de

→ Sie können sich auch direkt an eine Einrichtung vor Ort wenden. Vereine der Hospizbewegung gibt es in ganz Deutschland. Eine Liste der Adressen dieser regionalen Hospizeinrichtungen finden Sie im Internet unter *www.dhpv.de/service_hospizadressen.html.*

Deutscher Hospiz- und PalliativVerband e.V.

Der Deutsche Hospiz- und PalliativVerband e.V. (DHPV) ist die Dachorganisation und Interessenvertretung von über 1.000 ambulanten und stationären Hospiz- und Palliativdiensten in Deutschland. Sie sind über die Landesarbeitsgemeinschaften bzw. die Hospiz- und Palliativverbände der 16 Bundesländer im DHPV vertreten. Auch überregionale Organisationen wie die Deutsche Aids-Hilfe, die Internationale Gesellschaft für Sterbebegleitung und Lebensbeistand (IGSL-Hospiz), der Malteser Hilfsdienst und OMEGA – Mit dem Sterben leben e.V. sind Mitglieder des Verbands.

Der Deutsche Hospiz- und PalliativVerband wurde 1992 unter dem Namen Bundesarbeitsgemeinschaft Hospiz e.V. zur Förderung von ambulanten, teilstationären und stationären Hospizen und Palliativmedizin gegründet. Die Gründungsmitglieder waren engagierte Ehrenamtliche sowie Vertreter bestehender örtlicher Hospizvereine und stationärer Hospize.

Als Fachverband für die Qualifizierung von Ehrenamtlichen, Pflegepersonal und Medizinern trägt und finanziert sie Forschungsprojekte im Bereich der Hospizarbeit, Palliativmedizin, Thanatologie, Sterbe- und Trauerbegleitung. Zudem hat sie ein Handbuch zum Qualitätsmanagement in Hospizen und Palliativstationen entwickelt.

Der Deutsche Hospiz- und PalliativVerband ist Ansprechpartner für rund 80.000 Ehrenamtliche in der Hospizbewegung.

Überregionale Hospizorganisationen

Daneben gibt es aber auch überregional arbeitende Hospizorganisationen, die Sie ansprechen können, wenn Sie sich in diesem Bereich engagieren möchten:

- Deutsche Aids-Hilfe – *www.aidshilfe.de*
- BBT-Gruppe – Barmherzige Brüder Trier e.V. – *www.bbtgruppe.de*
- Deutscher Kinderhospizverein e.V. – *www.deutscher-kinderhospizverein.de*

- Diakonie-Krankenhaus Harz GmbH – *www.diako-harz.de*
- Internationale Gesellschaft für Sterbebegleitung und Lebensbeistand (IGSL-Hospiz) – *www.igsl-hospiz.de*
- Malteser Hilfsdienst – *www.malteser.de*
- Marienhaus GmbH Waldbreitbach – *www.marienhaus.de*
- OMEGA – Mit dem Sterben leben e.V. – *www.omega-ev.de*
- TABEA e.V. – *www.tabea-ev.de*

In Österreich ist HOSPIZ ÖSTERREICH, der Dachverband von über 300 mobilen und stationären Hospiz- und Palliativeinrichtungen, der richtige Ansprechpartner – *www.hospiz.at*.

In der Schweiz wurde im September 2015 der „Dachverband Hospize Schweiz" gegründet. Bis es eine eigene Homepage gibt, wenden Sie sich an das
Zürcher Lighthouse
Carmenstrasse 42, CH-8032 Zürich
Tel.: + 41 (0)44 265 38 11, Fax: + 41 (0)44 265 38 22
info@zuercher-lighthouse.ch, www.zuercher-lighthouse.ch

Für Gerechte Lebensmittel verteilen

Haben Sie Lust, Menschen in Armut zu helfen? Möchten Sie helfen, eine Brücke zwischen Armut und Überfluss in Deutschland zu bauen? Dann bietet die „Tafel" dafür genau den richtigen Rahmen.

Die mehr als 900 Tafeln in Deutschland setzen ein Zeichen gegen soziale Kälte und für Solidarität. Seit mehr als 20 Jahren versorgen sie Menschen in Not mit Lebensmitteln. Die Zeitschrift „Stern" bezeichnete die Tafeln sogar als „die größte soziale Bewegung der 90er-Jahre".

Weitergeben statt wegschmeißen

Die Tafeln werden von einer so simplen wie genialen Idee getragen: Sie gleichen den Mangel an der einen Stelle mit dem Überfluss an anderer Stelle aus. Praktisch bedeutet das: Die Tafeln sammeln Nahrungsmittel, die zwar von einwandfreier Qualität sind, die aber im Wirtschaftsverkehr nicht mehr verwendet werden können, und geben sie an Menschen weiter, die Not leiden. Brot vom Vortag, Milchprodukte kurz nach Ablauf des Mindesthaltbarkeitsdatums, Obst und Gemüse mit kleinen Schönheitsfehlern, Lebensmittel in leicht beschädigten Verpackungen – all das wird in Supermärkten und in der Gastronomie normalerweise aussortiert und landet im Müllcontainer. Dabei sind diese Waren alle noch bestens genießbar.

Die ehrenamtlichen Mitarbeiter der Tafeln holen die Lebensmittel bei den Spendern ab und bringen sie zu einer von bundesweit 3.000 Ausgabestellen. Dort werden die Lebensmittel direkt an Bedürftige abgegeben. Oder sie beliefern soziale Einrichtungen wie Notunterkünfte oder Übergangswohnheime. Verteilt werden die Lebensmittel kostenlos oder gegen einen geringen, symbolischen Betrag.

Bedürftige gibt es selbst in einem reichen Land genug. Etwa 1,5 Millionen in Not geratene Menschen erhalten unter anderem Nahrungsmittel der Tafeln. Zu den Tafel-Kunden zählen vor allem Langzeitarbeitslose, darunter viele Alleinerziehende und Migranten, aber auch immer mehr Rentner sowie Geringverdiener. 30 Prozent der Tafel-Kunden sind Kinder und Jugendliche.

Aufgabe der Tafelhelfer

Das Engagement der rund 60.000 ehrenamtlichen Helferinnen und Helfer sieht je nach Fähigkeiten der Mitarbeiter ganz unterschiedlich aus. Sie holen die Ware ab, sortieren sie, organisieren die Einsätze, sorgen für die Ausgabe der Ware etc.

Beispiel: Berliner Tafel

Die Berliner Tafel ist die älteste in Deutschland. Sie wurde bereits 1993 von einer Reihe engagierter Frauen gegründet, die sich für Obdachlose engagieren wollten. Die Idee hatten sie in den USA abgeguckt. Dort war in Phoenix (Arizona) bereits 1963 die erste Tafel aus der Taufe gehoben worden. Das direkte Vorbild für die Berliner Frauen war die Organisation „City Harvest", die seit 1981 die Armen von New York City mit gespendeten Lebensmitteln versorgt.

Zunächst fuhren die Frauen in Berlin mit ihren privaten PKWs und versuchten, Händler zu überzeugen, Waren für die Tafel zu spenden. Schnell wurden die Medien und die Bevölkerung aufmerksam, schnell sprach sich die gute Idee herum und schnell wurde klar: Die Lebensmittelspenden werden nicht nur von Obdachloseneinrichtungen benötigt, sondern auch von anderen sozialen Organisationen der Stadt.

Während bei fast allen anderen Tafeln von Anfang an auch Ausgabestellen für private Haushalte eingerichtet wurden, konzentrierte sich die Berliner Tafel in den ersten zehn Jahren ausschließlich auf die Belieferung sozialer Einrichtungen. Das ist auch heute noch das Herzstück der Berliner Tafelarbeit, wenngleich es mittlerweile 45 Ausgabestellen im Berliner Stadtbereich gibt.

Zeitaufwand

Für das zeitliche Engagement gibt es keine Richtwerte. Wichtig ist nur, dass man Sie zuverlässig einplanen kann – ob für einen Tag oder zwei Stunden pro Woche.

Ansprechpartner

Wenn Sie Interesse haben, bei der Tafel mitzuarbeiten, wenden Sie sich an den

Bundesverband Deutsche Tafel e.V.
Dudenstraße 10, 10965 Berlin
Tel.: 030 / 200 59 76-0, Fax: 030 / 200 59 76-16
info@tafel.de, www.tafel.de

Dort wird man Ihnen die Ansprechpartner bei der Tafel in Ihrer Nähe nennen können. Die Adressen der 90 Tafeln in Deutschland finden Sie auch im Internet unter *www.tafel.de/die-tafeln/tafel-suche.html.*

Auch in Österreich und der Schweiz engagieren sich enorm viele ehrenamtlich für die Tafeln. Nähere Informationen gibt es beim

Verband der österreichischen Tafeln
Simmeringer Hauptstr. 2-4, A-1110 Wien
Tel.: +43 664 456 9447
office@dietafeln.at, www.dietafeln.at

und

Schweizer Tafel
Bahnhofplatz 20, CH-3210 Kerzers
Tel.: +41 848 848 033
info@schweizertafel.ch, www.schweizertafel.ch

Für Notlinderer ☙ Bahnhofsmissionen unterstützen

Kruzifix, Häubchen und Suppenkelle: Die Vorstellungen, die landläufig mit Bahnhofsmission verbunden werden, haben mit der Realität herzlich wenig zu tun.

Bahnhöfe sind von jeher Orte, an denen neben Reisenden Menschen in Not zu finden sind: Arme, Kranke, Verzweifelte, Obdachlose, Drogensüchtige, Alkoholiker. Sie alle bekommen in den mehr als 100 Bahnhofsmissionen, die über das ganze Bundesgebiet verteilt sind, auf vielfältige Weise Unterstützung.

Fast 2.000 ehrenamtliche Mitarbeiterinnen und Mitarbeiter kümmern sich dort gleichermaßen um hilfsbedürftige Reisende wie um ra(s)tlose Hilfsbedürftige.

Geschichte der Bahnhofsmissionen

Die erste Bahnhofsmission wurde 1894 in Berlin gegründet. Ihre vorrangige Aufgabe war es, junge Frauen vom Land zu unterstützen, die in die Städte kamen, um in Fabriken zu arbeiten. Sie wurden am Bahnhof empfangen, mit den notwendigen Informationen versorgt und so vor unseriösen Angeboten geschützt.

Im Laufe ihrer über 120-jährigen Geschichte haben sich die Aufgaben der Bahnhofsmissionen immer wieder geändert. In den Nachkriegsjahren waren es Vertriebene, Flüchtlinge, Heimkehrer und Auswanderer, die in den Bahnhofmissionen Trost und Rat fanden. Anfang der 1930er-Jahre wurden hier neben Landhelfern hauptsächlich allein reisende Kinder und arbeitslose Jugendliche betreut.

30 Jahre später waren die Bahnhofmissionen in der Bundesrepublik Deutschland die ersten Adressen für ankommende ausländische Arbeitnehmer. In den 1980er-Jahren kamen orientierungslose wie sprachunkundige Aussiedler und Asylsuchende hinzu.

Dabei war das Hilfsangebot der Bahnhofsmissionen im Laufe der Geschichte nicht allen Machthabern willkommen. Sie wurden zunächst 1939 von den Nationalsozialisten verboten, später dann auch in der DDR. Doch sowohl nach Kriegsende als auch nach dem Fall der Mauer nahmen die Bahnhofsmissionen ihren Dienst zügig wieder auf – weil sie gebraucht wurden und werden.

Betreuung der Reisenden

Die Bahnhofsmissionen stehen allen offen – in akuten Krisensituationen ebenso wie in existenzieller Not. Zu ihren klassischen Aufgaben gehört nach wie vor die Betreuung der Reisenden. Sie unterstützen Menschen mit eingeschränkter Mobilität beim Ein-, Aus- und Umsteigen und begleiten allein reisende Kinder. Sie helfen, wenn unterwegs die Hose gerissen oder das Portemonnaie abhandengekommen ist.

„Wir helfen Leuten, die aus den Fahrplänen nicht schlau werden oder sich auf dem Bahnhof den Knöchel verstaucht haben und eine Erste Hilfe benötigen.“ Ordensschwester Christa (76), Mitarbeiterin der Bahnhofsmission in Essen

Hilfe für Notleidende

Doch auch diejenigen, die dauerhaft in Not sind, finden in den Bahnhofsmissionen ein offenes Ohr und guten Rat. In jüngster Zeit sind es zunehmend Obdachlose, die in den Missionen Schutz suchen und hier einen Kaffee trinken, ein belegtes Brötchen essen. Die Bahnhofsmissionen sind eine Art Wohnzimmer für Wohnungslose.

„Hierher kommen auch Leute, die eine eigene Wohnung, aber eben wenig Geld haben. Wir haben hier Fahrgäste, Behinderte, Blinde, Rollstuhlfahrer und auch Kinder. Viele kommen nur auf ein Gespräch und einen Kaffee vorbei.“
Erika D., seit 20 Jahren ehrenamtliche Mitarbeiterin in der Bahnhofsmission in Hagen

Getragen werden die Bahnhofsmissionen der Bundesrepublik von der Konferenz für Kirchliche Bahnhofsmission (KKBM), der ältesten ökumenischen Einrichtung in Deutschland. Finanziert werden die Einrichtungen aus Kirchensteuern und Spenden.

Ansprechpartner

Wenn Sie Interesse haben, bei einer Bahnhofsmission ehrenamtlich mitzuarbeiten, wenden Sie sich an die
Konferenz für Kirchliche Bahnhofsmission
S-Bahnhof Jannowitzbrücke, Bogen 14, 10179 Berlin
Tel.: 030 / 644 919 960, Fax: 030 / 644 919 967
info@bahnhofsmission.de, www.bahnhofsmission.de

→ Dort wird man Ihnen die Ansprechpartner bei der Bahnhofsmission in Ihrer Nähe nennen können. Die Adressen der Bahnhofsmissionen in Deutschland finden Sie auch im Internet unter *www.bahnhofsmission.de.*

Für Wegbereiter ☙ Berufseinsteiger beraten

Haben Sie Lust dazu, jungen Menschen eine Orientierung zu geben? Wollen Sie dabei Ihre Erfahrungen nutzen und Ihre Kompetenzen einbringen? Möchten Sie durch Hilfe zur Selbsthilfe die Selbstständigkeit von Jugendlichen fördern? Dann werden Sie ehrenamtlicher Pate für Schulabgänger und Berufseinsteiger.

Die Berufswahl ist für viele Jugendliche ein großes Problem. In Zeiten hoher Jugendarbeitslosigkeit fällt es Berufseinsteigern oft schwer, eine Stelle zu finden. Und die Aussichten auf dem Markt der Ausbildungsplätze sind auch nicht überall rosig.

Rat und Orientierungshilfe

Den Lehrern und Eltern fehlt meist die Zeit oder die Erfahrung, um hier gezielt helfen zu können. Und die Berater in den Arbeitsagenturen und Berufsinformationszentren haben nicht die Zeit, sich um jeden einzelnen Fall ausgiebig zu kümmern. Dabei brauchen die oft orientierungslosen jungen Leute mehr Hilfe denn je.

Umso besser, dass sich immer mehr Rentner für diese Jugendlichen engagieren. Sie bringen dabei ihre jahrzehntelange Berufserfahrung ein, die für die Jugendlichen von unschätzbarem Wert ist.

Vielleicht waren Sie selbst in einem Betrieb für die Ausbildung des Nachwuchses zuständig? Dann wissen Sie – im Gegensatz zu vielen Lehrern oder sonstigen Bezugspersonen der Jugendlichen – ganz genau, welche Fähigkeiten im Berufsalltag gefordert sind. Vielleicht waren Sie in Ihrer ehemaligen Firma für die Personalauswahl zuständig? Dann wissen Sie, worauf es bei Bewerbungen und Vorstellungsgesprächen ankommt.

Beratungsstunden in Schulen

In zahlreichen Schulen in Deutschland – vor allem in Haupt- und Realschulen sowie an Berufsbildenden Schulen – bieten Ruheständler regelmäßig Beratungsstunden für Schulabgänger an.

- Sie unterstützen und begleiten Jugendliche bei Schwierigkeiten in der Schule.
- Sie beraten sie bei der Berufswahl.
- Sie helfen ihnen bei der Suche und Auswahl eines Praktikums- oder Ausbildungsplatzes.
- Sie stehen ihnen bei Bewerbungen mit Rat und Tat zur Seite.
- Sie helfen ihnen beim Erstellen der Bewerbungsunterlagen.
- Sie trainieren mit ihnen Bewerbungsgespräche.
- Sie motivieren die Jugendlichen.

Projekt „Der Pate“

Ein Beispiel für viele Projekte, die in Deutschland in diesem Bereich erfolgreich laufen, ist das Projekt mit dem Namen „Der Pate“. Das Projekt hat 2005 den Ehrenamtspreis der Stadt Köln gewonnen und wurde von der Bertelsmann-Tochter „Phineo“ 2010 als herausragendes Projekt für den Report „Auf geht's! – Wege von der Schule in den Beruf“ ausgewählt.

Seit über zehn Jahren übernehmen Menschen ab 50 in diesem Projekt Patenschaften für jugendliche Haupt- und Förderschüler, die sich im Übergang von der Schule zum Beruf befinden. Sie entwickeln gemeinsam mit den jungen Menschen eine Zukunftsperspektive und übernehmen die verantwortungsvolle Aufgabe, sie eine Zeit lang zu begleiten.

„Mein Sergej war anfangs unheimlich unpünktlich, und die Schulnoten waren auch mittelmäßig. Ich habe ihm klargemacht, dass er etwas tun muss, wenn er etwas erreichen will. Jetzt hat er ein super Abschlusszeugnis! Doch: Ich lasse meinen Jungen erst vom Haken, wenn er den Gesellenbrief in der Tasche hat.“ Peter W. (58) über sein 17-jähriges Patenkind

Dabei entwickelt sich zwischen dem Paten und dem Patenkind im Laufe der Zeit meist eine enge Bindung. Häufig ist der Pate dann auch der Gesprächspartner der Wahl, wenn es um anderes als berufliche Perspektiven geht.

„Wir gehen oft zusammen ins Kino, wandern, haben unsere Familien kennen gelernt – und Fußball ist ein großes Thema.“
Werner S. (58) über sein 18-jähriges brasilianisches Patenkind

„Der Pate“ ist ein Projekt, das das Centrum zur nachberuflichen Orientierung (kurz: Ceno) unter anderem in Kooperation mit mehreren Kölner Schulen durchführt.

Ceno bereitet die ehrenamtlichen Paten in Seminaren auf ihre Aufgabe vor. Auch während der Tätigkeit begleitet Ceno die Mentoren durch Gespräche, Seminare, Supervisionen und regelmäßigen Erfahrungsaustausch.

„Alles hat sich verbessert. Schulnoten, Berufswahl, alles.“
Julio F.s Bilanz nach anderthalb Jahren Patenschaft

Das Projekt in Köln hat großen Erfolg: Rund zwei Drittel der beteiligten Jugendlichen, die überwiegend aus Familien mit Migrationshintergrund stammen, haben mittlerweile einen Ausbildungsplatz oder eine weiterführende Schule gefunden.

„Ich weiß auch, dass ich ihn manchmal nerve. Doch der Erfolg baut auf – sowohl ihn als auch mich.“ Werner S., der Pate von Julio F.

Weitere Informationen zum Projekt „Der Pate“ erhalten Sie bei

Ceno e.V., Melanie Demor
Gebrüder-Coblenz-Str. 10, 50679 Köln
Tel.: 0221 / 800 83 70, Fax: 0221 / 800 83 71
ceno@ceno-koeln.de, www.ceno-koeln.de/patenprojekt.html

→ Unter *www.aktion-zusammen-wachsen.de* können Sie sich speziell über Patenschaften für Kinder und Jugendliche mit Migrationshintergrund informieren (→ siehe auch Kasten auf Seite 100).

Lesenswert

Eine Reihe von anderen spannenden Projekten in diesem Bereich wird in der Studie „Senioren als Mentoren für junge Berufseinsteiger. Eine neue Projektsparte im freiwilligen Handlungsfeld ‚Alt hilft Jung'“ von Jürgen Hauf beschrieben. Sie wurde im Jahre 2001 von der Bundesarbeitsgemeinschaft der Senioren-Organisationen e.V. herausgegeben. Die Studie kann kostenfrei im Internet als pfd-Datei heruntergeladen werden – unter der Adresse *www.bagso.de/fileadmin/Publikationen/Senioren_als_Mentoren.pdf.*

Ansprechpartner

Falls Sie eine Patenschaft für einen Jugendlichen übernehmen und ihm oder ihr beim Einstieg ins Berufsleben helfen möchten, wenden Sie sich an das nächste Seniorenbüro oder die nächste Freiwilligenagentur (→ siehe Seite 178 f.).

Für Gastfreundlich-Offene

Neubürger willkommen heißen

Sie kennen sich in Ihrer Stadt oder Kommune bestens aus? Sie wissen, wo man was bekommt, wen man wie ansprechen muss? Sie möchten dazu beitragen, dass Menschen, die neu in Ihre Gegend ziehen, sich hier schnell einleben und wohlfühlen? Dann heißen Sie doch in Zukunft die Neubürger herzlich willkommen!

Den Start in der Fremde erleichtern

Die meisten Städte und Kommunen haben Initiativen, die den neu Zugezogenen und auch Flüchtlingen den Start in der noch fremden Umgebung so einfach und angenehm wie möglich machen möchten.

Ein Beispiel aus Hannover

Ein Beispiel dafür ist die Gruppe „WiLLKOMMEN" in Hannover. Ihr Ziel ist es, die Integration von Zuwandererfamilien und Flüchtlingen zu unterstützen. Denn viele von ihnen erfahren nicht die ausreichende Begleitung, die sie zur Bewältigung ihres Alltags bräuchten.

Geschulte Freiwillige – Mentoren genannt – bilden Tandems mit Personen mit Unterstützungsbedarf. Die Begleitung ist auf einen längeren Zeitraum von mindestens sechs Monaten angelegt und endet, wenn die erforderliche Unabhängigkeit der Tandempartner erreicht ist.

Wer als Mentorin oder Mentor Neubürgerinnen und Neubürger in ihr zukünftiges Lebensumfeld begleiten, sie im Alltag unterstützen und selbst die Kultur des anderen kennenlernen möchte, kann sich einfach beim Freiwilligenzentrum Hannover melden.

Freiwilligenzentrum Hannover e. V. im üstra-Kundenzentrum, 2. Etage
Karmarschstr. 30–32, 30159 Hannover
Hotline für Engagierte: 0800 330 20 30
Tel.: 0511 / 300 344-80, Fax: 0511 / 300 344-89
info@fwzh.de, www.freiwilligenzentrum-hannover.de

Ansprechpartner

Haben Sie Interesse daran, Neubürgern in Ihrer Stadt oder Kommune zu helfen? Dann fragen Sie einfach in der Freiwilligenagentur in Ihrer Nähe oder bei der Stadtverwaltung nach. Sicher gibt es dort bereits eine ähnliche Initiative, die Ihre Mitarbeit gut gebrauchen kann.

Oder: Sie rufen selbst eine Begrüßungsgruppe ins Leben. Die Seniorenbüros und Freiwilligenagenturen (→ siehe Seite 178 f.) beraten Sie gern!

Welcome-Groups

Im Zuge des jüngsten Zustroms von Flüchtlingen sind zahlreiche neue Welcome-Gruppen gegründet worden. Die meisten haben Facebook-Gruppen eingerichtet, um ihre Hilfe schnell organisieren zu können. Man findet sie unter den Stichwörtern „Willkommen“, „Welcome“ oder „Flüchtlinge willkommen“ im Internet.

Für Zukunftsgestalter

Sich parteipolitisch engagieren

Haben Sie schon einmal daran gedacht, sich politisch zu engagieren? Haben Sie Lust, auf kommunaler Ebene das Zusammenleben der Menschen mitzugestalten? Als Mitglied einer Partei?

Alle großen Parteien haben eigene Sektionen für Senioren.

- Bündnis90/Die Grünen: *www.gruene-alte.de*
- CDU: *www.seniorenunion.cdu.de*
- CSU: *www.sen.csu.de*
- Die Linke: *www.die-linke.de/partei/zusammenschluesse/bag-senioren-der-partei-die-linke/*
- FDP: *www.liberale-senioren.de*
- SPD: *www.ag60plus.de*

Wenden Sie sich an den Ortsausschuss der Partei Ihrer Wahl. Dort wird man Sie gern über die Möglichkeiten einer Mitarbeit informieren.

Für Bücherfreunde

Als Leselernhelfer Sprachkompetenz fördern

Sie lesen gerne? Sie gehen gern mit Kindern um? Sie haben Spaß an einer sprachlichen Betätigung, erzählen gern und können gut zuhören? Sie wollen jungen Menschen helfen, erfolgreich zu sein und weiterzukommen? Dann ist die Tätigkeit als Leselernhelfer wie für Sie geschaffen.

Hilfe für benachteiligte Kinder

Leselernhelfer kümmern sich um benachteiligte Schülerinnen und Schüler, um Kinder und Jugendliche aus sozial schwachen Familien, die mit erheblichen Lesedefiziten zu kämpfen haben.

Studien zeigen immer wieder, dass bei deutschen Schulen im Bereich der Lesekompetenz einiges im Argen liegt. Kinder aus sozial benachteiligten Familien und Migrantenkinder, für die Deutsch eine Fremdsprache ist, haben es hier besonders schwer.

„61 Prozent der Jugendlichen haben noch nie freiwillig ein Buch gelesen." Otto Stender (79), Gründer des Vereins „MENTOR – Die Leselernhelfer"

Der Buchhändler Otto Stender wollte sich mit diesem Notstand nicht abfinden. Und so rief er vor über zehn Jahren in Hannover eine Initiative ins Leben, die seither in allen Bundesländern Schule macht.

„MENTOR – die Leselernhelfer" heißt der Verein, den Stender im Frühjahr 2003 gegründet hat.

„Der Grundgedanke war, einen neuen Generationenvertrag zwischen dem älteren Bildungsbürgertum und einer heranwachsenden Jugend zu schmieden, die schlechte Lebenschancen mit auf den Weg bekam." Otto Stender

Die Idee kann gut an und machte schnell über die Grenzen Hannovers hinaus Karriere. Mittlerweile gibt es einen Bundesverband, der die Arbeit von 60 Leseinitiativen betreut. Deutschlandweit kümmern sich heute fast 10.000 Leselernhelfer des MENTOR–Netzwerkes an über 1.100 Schulen in 180 Städten um die Lesekompetenz von 12.000 Kindern und Jugendlichen.

Otto Stender wurde als Gründer dieser erfolgreichen Initiative 2011 mit dem Bundesverdienstkreuz ausgezeichnet.

Aufgaben

Die Mentoren lesen mit dem Kind, das sie betreuen, altersgemäße Texte jeglicher Art. Anschließend wird gemeinsam über das Gelesene gesprochen, um das Textverständnis zu üben. Zudem gehen die Mentoren auf die individuellen Schwierigkeiten des Kindes beim Lesen, Sprechen und Schreiben ein.

Die Leselernhelfer arbeiten in der Regel nur mit einem Kind, denn es kommt in diesem Lernmodell auf die gezielte, individuelle Förderung an.

„Lesen lernen heißt tatsächlich: fürs Leben lernen. Wer gut lesen kann, hat es auch in vielen anderen Lern- und Lebensbereichen leichter. Manche Kinder brauchen dabei ein bisschen mehr Unterstützung. Die Lesementoren, die sich dafür Zeit nehmen, leisten insofern wahre Lebenshilfe und können den Werdegang eines jungen Menschen nachhaltig beeinflussen."
Marietta Slomka, Journalistin und Fernsehmoderatorin

Zusammenarbeit mit Schulen

Die Leseförderung findet in den Schulen und in enger Zusammenarbeit mit den Lehrern statt. Die Stunden liegen außerhalb des regulären Unterrichts – das heißt also entweder nach der Schule oder in Freistunden.

Die Lehrerinnen und Lehrer der Schulen suchen bedürftige Kinder und Jugendliche im Alter zwischen 6 und 16 Jahren aus. Sie sprechen mit den Mentoren über die individuellen Schwierigkeiten der Schüler. Das sind in der Regel folgende:

- es fehlt die Lesefertigkeit,
- das Kind beherrscht die Technik des Lesens, es fehlt jedoch das Leseverständnis, oder
- das Kind hat Schwierigkeiten im Umgang mit der deutschen Sprache.

Die inhaltlichen Schwerpunkte der Leselernhilfe werden zwischen den Lehrkräften und den Mentoren abgesprochen. Zudem tauschen sie sich regelmäßig über den Entwicklungsstand der Schülerinnen und Schüler aus.

Zeitaufwand

Leselernhelfer trainieren ein- bis zweimal in der Woche 45 bis 60 Minuten lang mit den leseschwachen Schülerinnen und Schülern.

„Schon nach drei Monaten ist zu beobachten, dass die Kinder bessere Zensuren im Unterricht haben. Die Kinder haben ein neues Selbstbewusstsein, eine ganz neue Motivation zu lernen! Andere Perspektiven eröffnen sich." Straßenmagazin „Asphalt", Juli 2004

Wichtig für den Erfolg der Arbeit sind vor allem Beständigkeit und Ausdauer. Daher sollte die Förderung mindestens über ein halbes Jahr kontinuierlich erfolgen.

Voraussetzungen

Bei den Mentoren und Mentorinnen werden keine besonderen pädagogischen Kenntnisse vorausgesetzt.

Die Vereine der Leselernhelfer bieten zahlreiche Hilfestellungen an. Neben ausführlichen Einführungsgesprächen erhält zum Beispiel in Hannover jeder Mentor ein Handbuch mit zahlreichen Tipps zur Gestaltung der Lese- und Sprachförderung.

Fortbildungen

Zudem bietet beispielsweise die Akademie für Leseförderung, die ehemalige Grundschullehrerinnen in Hannover gegründet haben, Fortbildungsseminare für Mentoren und Mentorinnen an. Dort lernen Leselernhelfer, wie sie erfolgreich mit den Lehrkräften an den Schulen kooperieren und wie sie die Kinder besonders effektiv fördern können.

Akademie für Leseförderung der Stiftung Lesen
an der Gottfried-Wilhelm-Leibniz-Bibliothek,
Waterloostr. 8, 30169 Hannover
Tel.: 0511 /12 67-3 08, Fax: 0511 /12 67-2 08
alf@gwlb.de, www.alf-hannover.de

Ferner tauschen sich die Mentoren, die an einer Schule oder in einer Region arbeiten, regelmäßig über ihre Arbeit und ihre Erfahrungen aus.

Hilfe für Flüchtlinge
Einige MENTOR-Vereine reagieren bereits auf den wachsenden Zustrom von Flüchtlingen und weiten ihre Initiative zur Lesekompetenzförderung auf diese Zielgruppe aus. Speziell geschulte Leselernhelfer arbeiten dann mit Flüchtlingskindern und jugendlichen Flüchtlingen.

Ansprechpartner

Wenn Sie Lesementor oder Lesementorin werden möchten, wenden Sie sich einfach an die MENTOR-Initiave in Ihrer Nähe.
→ Unter *www.mentor-bundesverband.de* finden Sie die Adressen und Ansprechpartner.

Weitere Informationen zur Tätigkeit als Leselernhelfer erhalten Sie bei
MENTOR – Die Leselernhelfer Bundesverband e.V., Geschäftsstelle
Pipinstr. 7, 50667 Köln
Tel.: 0221 / 168 44 744, Fax: 0221 / 168 44 748
info@mentor-bundesverband.de, www.mentor-bundesverband.de

Lesens- und sehenswert
Unter www.youtube.com/watch?v=uKOb5tY3Pi8 finden Sie einen Fernsehbeitrag über die Leselernhelfer und das eindrucksvolle Engagement von Otto Stender.

Für Experten mit Reiselust

Als Senior-Experte beraten

Möchten Sie Ihr Wissen und Können, Ihre Kenntnisse und Talente auch nach dem Berufsleben weiter einbringen? Möchten Sie Fach- und Führungskräfte im In- und Ausland mit Ihrem Erfahrungsschatz unterstützen? Möchten Sie Hilfe zur Selbsthilfe leisten? Dann ist die

Tätigkeit als Senior-Experte für Sie möglicherweise genau das Richtige.

In aller Welt

Senior-Experten sind Ruheständler, die rund um den Erdball mit ihrem Fachwissen ehrenamtlich Hilfe leisten.

Seit 1983 vermittelt der deutsche Senior Experten Service (SES) solche Hilfseinsätze in 160 Länder. Fast 20.000 hoch motivierte und qualifizierte Kräfte sind beim SES registriert. Im Durchschnitt sind sie 67 Jahre alt, und sie kommen aus mehr als 50 verschiedenen Branchen wie Bauwirtschaft, Handwerk, Bildung oder Gesundheitswesen etc. Und die Zahl der Projekte wie auch der gemeldeten Senior-Experten nimmt stetig zu – eine echte Erfolgsgeschichte. 1983 begann der SES mit 22 Einsätzen jährlich, 2014 waren es über 4.400 Einsätze, davon rund 1.600 in Entwicklungs- und Schwellenländern. Insgesamt wurden seit der Gründung fast 30.000 Einsätze weltweit durchgeführt.

Hilfe für kleine Unternehmen

Die Helfer sind dabei vorwiegend in kleineren und mittleren Unternehmen tätig, aber auch für Organisationen und Institutionen wie beispielsweise die Deutsche Gesellschaft für Technische Zusammenarbeit oder für den Deutschen Entwicklungsdienst, für Kommunen und Einrichtungen der beruflichen Ausbildung.

Einsatzorte

Ein Großteil der Einsätze findet in Entwicklungs- und Schwellenländern Asiens, Afrikas und Lateinamerikas statt. In den letzten Jahren hat sich ein weiterer geografischer Schwerpunkt in Mittel- und Osteuropa gebildet. Und schließlich steigt auch die Zahl der Einsätze, in denen Senior-Expertinnen und -Experten die Probleme von Firmen in Deutschland lösen.

„Meist haben die Unternehmen ein bestimmtes Problem, das sie selbst nicht lösen können – zum Beispiel neue Maschinen, die von den Mitarbeitern nicht bedient werden können. Hier können die Experten oft weiterhelfen." Sonnhild Schretzmann, SES-Sprecherin

Großes Themenspektrum

Das Spektrum der Hilfseinsätze ist enorm groß. Hier nur einige Beispiele:

- Aufbauhilfe in Tsunami-Regionen
- Nutzung von umweltfreundlichen Filteranlagen in Kohlekraftwerken in China
- Erarbeitung eines modernen Verkehrskonzepts in Nicaragua
- Nutzung von Solartechnik in Kenia
- Einführung neuer Brotsorten in Vietnam
- Aufbau einer Kläranlage in einer Papierfabrik in China
- Schulung von Zahntechnikern in Estland
- Wiederaufbau in Afghanistan
- Ausbildung von Automechanikern in Madagaskar
- Züchtung neuer Blumensorten in Brasilien
- Bau von Solarlaternen im Amazonasgebiet
- Stadtentwicklung in Kambodscha
- Entwicklung eines Qualitätsstandards für ein Hotel in Bulgarien

„Am ersten Tag habe ich nur verzweifelte und weinende Menschen gesehen, die ohne Hoffnung waren. Aber mit jedem Tag der Arbeit, an dem die Leute sahen, dass mit ihrer eigenen Arbeitskraft etwas entstand, kehrten Lebensfreude und Optimismus zurück." Peter H., Senior-Experte im rumänischen Hochwassergebiet

Gute Chancen auch für Handwerker

Der Senior Experten Service sucht Fachleute in allen möglichen Bereichen. Hier sind keinesfalls nur ehemalige Mediziner, Manager, Ingenieure, Techniker oder Softwarespezialisten gefragt.

Auch Handwerker haben sehr gute Chancen, für einen Hilfseinsatz vermittelt zu werden. So sucht der SES immer wieder Handwerker – zum Beispiel Köche, Bäcker, Schreiner, Metzger, Schweißer, Friseure, Automechaniker –, die Interesse daran haben, die Ausbildung von Jugendlichen in Südosteuropa, Afrika, Lateinamerika und Asien zu unterstützen.

Ein Beispiel

Elisabeth F. hat sich als Pensionärin noch einen Jugendtraum erfüllt. Als junges Mädchen hatte sie immer den Wunsch, in der Entwicklungshilfe zu arbeiten. Heute tut sie es – für den Senior Experten Service.

Sieben Einsätze hat Elisabeth F. für den SES bereits absolviert – alle in Uganda. Sie hat geholfen, eine Schule einzurichten, eine Krankenstation zu renovieren, eine Regenwasseraufbereitungsanlage sowie eine Solaranlage aufzubauen. Sie hat Waisenkinder betreut, deren Eltern an AIDS oder Malaria gestorben waren. Und ihr nächster Aufenthalt auf den Inseln im Viktoria-See, bei dem die Krankenstation erweitert werden soll, ist bereits in Planung.

Lesenswert

Auf den Internetseiten www.ses-bonn.de und www.swisscontact.org/sec finden Sie spannende Erfahrungsberichte von Senior Experten.

Voraussetzungen

Von den Senior-Experten wird erwartet, dass sie eine langjährige berufliche Erfahrung, Fremdsprachenkenntnisse und Auslandserfahrung besitzen sowie die Fähigkeit, sich den am Einsatzort gegebenen Bedingungen anzupassen.

Die Länge des Einsatzes eines Senior-Experten ist sehr unterschiedlich. In der Regel sind sie drei bis sechs Wochen am Einsatzort, maximal aber ein halbes Jahr.

Der Einsatz der Senior-Experten ist ehrenamtlich. Sie erhalten in der Regel nur Kost, Logis und ein Taschengeld.

Senior Experten Service

Der Senior Experten Service (SES) ist die Stiftung der Deutschen Wirtschaft für internationale Zusammenarbeit und eine gemeinnützige GmbH. Er wurde 1983 mit finanzieller Unterstützung des Bundesministeriums für wirtschaftliche Zusammenarbeit und Entwicklung (BMZ) ins Leben gerufen. Seit Januar 2003 wird die GmbH von der SES-Stiftung getragen. Diese beruht auf einem Stiftungsakt der früheren SES-Gesellschafter: der Bundesvereinigung der Deutschen Arbeitgeberverbände (BDA), des Bundesverbands der deutschen Industrie (BDI), des Deutschen Industrie- und Handelskammertags (DIHK) und des Zentralverbands des Deutschen Handwerks (ZDH).

Die Zentrale des SES befindet sich in Bonn. 14 Büros in Deutschland und mehr als 140 Repräsentanten weltweit halten Kontakte zur Wirtschaft und den Senior-Experten.

Betreuung

Die Senior-Experten werden vor und während ihres Einsatzes durch den SES betreut. Er übernimmt die Organisation der An- und Abreise, sorgt gemeinsam mit dem Auftraggeber für Unterkunft und Verpflegung und schließt die nötigen Versicherungen ab.

Der Lohn für ihren Einsatz ist der große persönliche Gewinn. Denn als Senior-Experte werden Sie schnell spüren, wie sinnvoll Ihr Einsatz ist. Gleichzeitig lernen Sie Menschen anderer Kulturkreise kennen, machen neue Erfahrungen und erweitern Ihren Horizont.

Anspechpartner

Haben auch Sie Interesse, Senior-Experte zu werden? Dann melden Sie sich telefonisch oder schriftlich beim:

Senior Experten Service – Stiftung der Deutschen Wirtschaft
für internationale Zusammenarbeit GmbH, Gemeinnützige Gesellschaft
Buschstr. 2, 53113 Bonn, Postfach 22 62, 53012 Bonn
Tel.: 0228 / 260 90-0 , Fax: 0228 / 260 90-77
ses@ses-bonn.de, www.ses-bonn.de

Dort wird man in einem Fragebogen Ihre Kenntnisse abfragen und Sie – bei Bedarf – in die Kartei aufnehmen. Es gibt jedoch keine Einsatzgarantie. 2014 haben sich jeden Monat im Schnitt 100 Personen registrieren lassen. Liegt eine konkrete Einsatzanfrage vor, nimmt der SES Kontakt mit den am besten geeigneten Kandidaten auf.

„Es ist immer sehr spannend für mich, wenn ich in einem fremden Land in Firmen meines Berufsstandes komme. Auf den nächsten Auftrag – wo auch immer – bin ich gespannt."
Klaus N., Senior-Experte, der unter anderem in Estland Zahntechniker geschult hat

Ansprechpartner in der Schweiz

In der Schweiz gibt es übrigens eine Partnerorganisation: das Senior Expert Corps (SEC). Es vermittelt bereits seit 1979 pensionierte Spezialisten und Spezialistinnen in Entwicklungsländer und nach Osteuropa. Über 700 Fachpersonen sind im SEC-Pool eingeschrieben. In Ausnahmefällen werden auch nicht in der Schweiz lebende Rentner in die Liste aufgenommen. Zurzeit sucht die Organisation Personen aus der Nahrungsmittelbranche sowie Fachpersonen aus folgenden Branchen: Tourismus/Hotellerie, Textil (Schneider, Textildesigner), Bau (Bauingenieure), Kaffeeanbau/Kaffeerösterei und Maurer.

Swisscontact, Senior Expert Corps
Hardturmstrasse 123, CH-8005 Zürich
Tel.: +41 (0) 44 454 17 17, Fax: +41 (0) 44 454 17
sec@swisscontact.ch, www.swisscontact.org/sec

Ansprechpartner in Österreich

Auch in Österreich gibt es seit über 20 Jahren einen entsprechenden Service: den Austrian Senior Experts Pool (ASEP). Weitere Informationen erhalten Sie hier:

ASEP Austrian Senior Experts Pool
Getreidemarkt 14/23, A-1010 Wien
Tel.: +43 (0) 1 / 713 13 18
office@asep.at, www.asep.at

Ideentableau III

Botengänge für gemeinnützige Einrichtungen machen

Knochenfunde im Landesamt für Denkmalpflege archivieren

Als Jobpate Arbeitslosen helfen Seite 146

Mit Jugendlichen schreinern

Menschen mit Behinderungen bei Reisen mit Bahn und Bus helfen

PC-Einsteigerkurse anbieten Seite 149

Schüler bei den Hausaufgaben betreuen

Hausmeisterdienste übernehmen

Nistkästen betreuen

Als Weihnachtsmann auftreten Seite 158

Mit Kindern kochen und backen

In einem Naturpark helfen Seite 151

Filme vorführen

Patenschaft für Obdachlose übernehmen

Als Senior-Scout Verbraucherrechte testen Seite 153

Second-Hand-Laden oder Eine-Welt-Laden betreuen

Alte Sütterlin-Handschriften transkribieren

Gründungsinitiativen begleiten Seite 167

Einen neuen Spielplatz aufbauen

Bewerbungsgespräche trainieren

Jugendlichen Erfindern bei der Umsetzung neuer Ideen, Modelle und Prototypen helfen

Bei Abrechnungen helfen

Ausländische Studierende betreuen Seite 160

Öffentlichkeitsarbeit leisten

Aufgaben in der Dorfgestaltung oder Denkmalpflege übernehmen

Als Au-pair arbeiten Seite 163

Bedürftigen im Haushalt helfen

Mit Kindern gärtnern

In Kindertagesstätten und Schulen etwas für die Umweltbildung tun

Streuobstwiesen anlegen und pflegen

Dokumentationsarbeiten übernehmen

Freiwilligendienst leisten Seite 171

Als Techniker ein Radio-Projekt für Kinder unterstützen

In Ganztagsschulen das Essen ausgeben

senior**Trainer*****in*** **werden** Seite 173

Für Personalspezialisten

Als Jobpate Arbeitslosen helfen

Sie verfügen über Berufs-, Personal- oder Führungserfahrung? Sie haben soziale Kompetenzen? Sie können Menschen beraten und ermutigen? Dann werden Sie Jobpate, und helfen Sie mit, die Arbeitslosigkeit in Deutschland zu bekämpfen.

„Die Arbeitslosigkeit versetzt die Betroffenen rundum in eine menschenunwürdige Situation, dabei sind sie oft hoch qualifiziert und motiviert. Die Wiedererlangung eines gesunden Selbstbewusstseins steht am Anfang jeder Integration."
Lothar H., Jobpate

Zahlreiche Jobpaten betreuen in Deutschland ehrenamtlich Arbeitslose auf ihrem Weg in neue Jobs. Die meisten dieser Paten sind im Rentenalter.

So wie Dieter M. aus Berlin. Mehrmals pro Woche trifft sich der ehemalige Anwalt mit Arbeitslosen und berät sie weitaus persönlicher, als das in den meisten Arbeitsagenturen möglich ist.

Dieter M. ist im Rahmen des Projekts „Arbeit durch Management" tätig. Das Projekt wurde 1999 vom Diakonischen Werk Brandenburg ins Leben gerufen. Mittlerweile ist der Verein an zahlreichen Standorten in allen Bundesländern vertreten.

Allein Dieter M. hat im vergangenen Jahr 42 Fälle betreut. Knapp die Hälfte seiner Schützlinge konnte er erfolgreich in Weiterbildungen, Mini-, Teilzeit- und Vollzeitjobs unterbringen.

Jobs durch Kontakte

Das Projekt macht sich gezielt eine Besonderheit des Arbeitsmarktes zunutze. Mehr als 60 Prozent der freien Stellen werden den Arbeitsagenturen erst gar nicht gemeldet.

Zahlreiche Jobs werden über persönliche Kontakte vermittelt.

Die Jobpaten verfügen noch aus ihrem Berufsleben über ein gutes Netzwerk an Kontakten, die sie für die Arbeitslosen, die sie betreuen, nutzen.

Auch Reinhard W., 63, ist Jobpate. Er war vor seiner Rente im mittleren Management eines großen deutschen Elektronikkonzerns tätig. Kurz nach dem Ausstieg aus dem Beruf nahm er die Tätigkeit als Jobpate auf.

Seither kümmert er sich um Arbeitslose, die auf dem Arbeitsmarkt kaum eine Chance haben. Vielfach geht es bei diesen Kandidaten zunächst einmal darum, die Voraussetzungen für eine Bewerbung zu verbessern. So vermittelt Reinhard W. Plätze in Deutschkursen, besorgt ein Fahrrad oder einen gebrauchten Computer – und stützt sich dabei immer auf sein großes Netzwerk, das sich in all den Berufsjahren gebildet hat.

Beratung und Begleitung

Die Tätigkeit der Jobpaten ist also keineswegs auf die reine Vermittlung von Stellen beschränkt. Teil des Konzepts ist es, dass die Arbeitslosen selbst aktiv werden.

„Ich vermittle nicht, ich motiviere." Dieter M. (67), Jobpate

Aufgabe der Jobpaten ist, die Arbeitssuchenden zu beraten und sie zu begleiten. Als Jobpate gehen Sie individuell auf die Bedürfnisse der Arbeitssuchenden ein.

„Ich bin froh, jemanden wie ihn gefunden zu haben. Er hat mir geholfen, den Blick für das eigene Potenzial zu schärfen. Und er hat mir Mut gemacht." Stefan W. (45) über seinen Jobpaten Uwe B. (58)

Ein großes Ziel der Jobpaten ist es, die persönlichen Potenziale und Ressourcen der Arbeitslosen zu entdecken. Dann erarbeiten sie gemeinsam mit dem Arbeitssuchenden einen Plan, wie die Integration in den Arbeitsmarkt gelingen kann.

- Sie helfen dem Arbeitslosen dabei, seine Fähigkeiten zu entdecken.
- Sie überlegen gemeinsam, wo eine Bewerbung sinnvoll ist.
- Sie erstellen gemeinsam die Bewerbungsunterlagen.
- Sie bereiten gemeinsam das Bewerbungsgespräch vor.

„Beim Arbeitsamt bin ich nur eine Nummer gewesen. Hier aber war jemand, der sich kümmerte.“ Thomas T. (46), der mithilfe von Dieter M. einen Job gefunden hat

Austausch und Weiterbildung

Die Jobpaten werden bei ihrer Arbeit nicht allein gelassen. Sie erwartet als Jobpate ein bundesweites, lebendiges Beraternetzwerk, in dem Sie sich auch überregional engagieren und austauschen können. Ihre Arbeit wird vom Verein „Arbeit durch Management / PATENMODELL“ mit regelmäßigen Treffen, Weiterbildungen und den zur Verfügung gestellten aktuellen Arbeitsmaterialien unterstützt.

Ansprechpartner

Wollen Sie sich als Jobpate engagieren, dann wenden Sie sich an die Freiwilligenagentur in Ihrer Nähe (→ siehe Seite 178) oder an

Arbeit durch Management / PATENMODELL
Diakonisches Werk Berlin, Brandenburg, Schlesische Oberlausitz e.V.
Paulsenstr. 55–56, 12163 Berlin
Tel.: 030 / 680 88-511, Fax: 030 / 680 88-512
mail@patenmodell.de, www.patenmodell.de

Der Verein „Arbeit durch Management / PATENMODELL“ arbeitet seit 2003 auch bundesweit. Dort kann man Ihnen also den Kontakt zu einem Projektpartner in Ihrer Nähe vermitteln. Projekte der Initiative gibt es in knapp 80 deutschen Städten.

Unterschiedliche Schwerpunkte

Jobpaten können übrigens mit verschiedenen Schwerpunkten arbeiten. So gibt es spezielle Patenschaften für arbeitssuchende Migranten und Migrantinnen. Andere Jobpaten befassen sich schwerpunktmäßig mit der Beratung und Jobsuche für arbeitslose Menschen mit Behinderung oder sie begleiten im Rahmen des Programms „Ausbildungsbrücke" Haupt- und Realschülerinnen und -schüler ab der 8. Klasse bis zur ersten Stelle nach der Ausbildung.

„Unsere Vision ist es, durch möglichst viele Jobpatenschaften der sozialen Verelendung entgegenzuwirken, die der Gesellschaft durch anhaltende Massenarbeitslosigkeit droht."

Hermann von Braunmühl, ehemaliger Vorsitzender des Vereins „Arbeit durch Management / PATENMODELL"

Für Computerfans ☙ Einsteigerkurse anbieten

Viele Menschen und viele ältere Menschen haben Berührungsängste gegenüber technischen Neuerungen. Gleichzeitig nehmen die modernen Medien und neuen Technologien immer größeren Raum in unserem Alltag ein. Wer beispielsweise das Internet nicht nutzen kann oder will, verzichtet (zwangsläufig) auf zahlreiche Informations- und Kommunikationsmöglichkeiten, auf viele praktische Hilfen.

Zugang zu den Neuen Medien

Während die jüngere Generation ganz selbstverständlich mit diesen neuen Möglichkeiten aufwächst, müssen sich viele Ältere den Zugang dazu erst mühsam erarbeiten. Laut einer Studie hatten 2014 nur knapp 40 Prozent der Deutschen ab 65 Jahren das Internet für sich entdeckt. Zwar gibt es deutliche Unterschiede in den Altersgruppen (Senioren unter 70 Jahren sind zu zwei Dritteln online, von den 70- bis 74-Jährigen ist es knapp die Hälfte), doch viele profitieren eben noch nicht von den Vorteilen und Erleichterungen, die das Internet bietet.

Vielleicht sind Sie – beruflich oder aus privatem Interesse – bestens mit der Nutzung von Computer, Laptop, Tablet und Smartphone vertraut. Dann können Sie dieses Wissen nutzen, um anderen den Zugang zu erleichtern.

„Mit dem Computer umgehen zu können, wird immer wichtiger. Online-Banking, Bahnfahrpläne, Öffnungszeiten für Museen – wenn man vorm Computer keine Berührungsängste mehr hat, eröffnen sich auch im Alter noch neue Welten. Und: Man bleibt geistig fit!" Karl D., der seit einigen Jahren in mehreren Kasseler Stadtteilzentren PC-Kurse für Senioren durchführt

Bieten Sie Ihr Wissen an! Geben Sie Kurse oder helfen Sie einzelnen Ratsuchenden.

Zahlreiche Einrichtungen der Erwachsenenbildung – Volkshochschulen, Familienbildungsstätten, Bibliotheken etc. – bieten PC-Kurse für Senioren an und brauchen immer wieder geeignete Dozenten.

Zudem suchen die Internetcafés in Begegnungsstätten immer wieder Freiwillige, die Freude daran haben, älteren Menschen den Zugang zum Internet zu erläutern und zu erleichtern.

Erkundigen Sie sich einfach im nächsten Seniorenbüro oder bei der nächsten Freiwilligenagentur nach den Möglichkeiten (→ siehe Seite 178 f.).

Für Naturverbundene

Naturlandschaften bewahren

Sie lieben die Natur und interessieren sich für Ökosysteme, Pflanzen und Tiere? Sie haben Lust, andere Menschen kennenzulernen und Ihr Wissen zu erweitern? Warum engagieren Sie sich dann nicht in einem Naturpark?

Ein Beispiel aus Brandenburg

Wie zum Beispiel der Rentner Sigfried R.: Er unterstützte ein Jahr lang mit zwei weiteren ehrenamtlichen Kollegen die Naturwacht im Biosphärenreservat Flusslandschaft Elbe-Brandenburg. Seine Aufgabe war die Betreuung der Gäste im Besucherzentrum Rühstädt. Rühstädt wird als „Europäisches Storchendorf" mit 32 Brutpaaren pro Saison von etwa 40.000 Gästen besucht. Sigfried R. hat Spaß am Umgang mit Menschen, und er kennt sich in der Region gut aus. So konnte er den Gästen des Storchendorfes kompetente Auskünfte und viele Tipps geben.

Freiwillige in Parks

In vielen Nationalparks, Naturparks und Biosphärenreservaten Deutschlands – also den nationalen Naturlandschaften – sind „Freiwillige in Parks" im Einsatz. Zusammen mit den hauptamtlichen Schutzgebietsbetreuerinnen und -betreuern helfen sie mit, wertvolle Ökosysteme, Pflanzen und Tiere zu erhalten.

Zeitaufwand

Im Freiwilligenprogramm der Schutzgebiete sind ehrenamtliche Mitarbeiterinnen und Mitarbeiter unabhängig von Alter und Qualifikation immer herzlich willkommen – egal ob sie nun viel oder wenig Zeit mitbringen.

„Im September 2006 habe ich den Müritz-Nationalpark zum wiederholten Mal für zwei Wochen als Freiwilliger unterstützt. Meine Aufgaben bestanden im Wesentlichen darin, Besucher, die im Rahmen des Kranichtickets die Beobachtungskanzel am Rederangsee besuchen, zu betreuen. Der Anflug der Kraniche in niedriger Höhe und ihr Niedergehen zum See oder auf der Wiese war jedes Mal ein eindrucksvolles Erlebnis.

Ein unvergesslicher Höhepunkt meiner bisherigen Aufenthalte im Müritz-Nationalpark war der Kontrollgang zu einem Hirschbrunftplatz, auf dem ich Nationalparkmitarbeiter begleiten durfte. Während meines Einsatzes konnte ich viel von den reichen Erfahrungen meiner hauptamtlichen ‚Kollegen' und ihrem großen praktischen Wissen über die Natur des Nationalparks lernen." Gottfried S., Freiwilliger im Müritz-Nationalpark

Mögliche Tätigkeiten

In den Nationalparks, Naturparks und Biosphärenreservaten steht Ihnen eine breite Palette möglicher Tätigkeiten zur Auswahl:

- Praktischer Arten- und Biotopschutz: Bau und Kontrolle von Amphibienzäunen, Wiesenmahd, Baumpflanzungen und -pflege
- Gebietsbeobachtung: Floristische Kartierungen, Beobachtung verschiedener Tierarten, Mitarbeit in Forschungsprojekten
- Öffentlichkeitsarbeit/Umweltbildung: Leitung von Exkursionen, Betreuung von Besucherinformationszentren, Programmplanung und -durchführung für Kinder- und Jugendgruppen
- Pflege/Kontrolle von Besuchereinrichtungen: Instandhaltung von Lehrpfadstationen und Wanderrastplätzen, Lehrpfad- und Wanderwegepatenschaften
- Bürotätigkeiten: Dateneingabe und -auswertung, Pressearbeit, (Foto-)Archivbetreuung.

„Freiwillige in Parks" arbeiten ehrenamtlich, das heißt ohne Entgelt. Ihnen wird jedoch je nach Tätigkeit die notwendige Ausrüstung zur Verfügung gestellt. Einige Schutzgebiete bieten Freiwilligen zudem eine kostenlose Unterkunft an.

Ansprechpartner

Auch Sie können in einem der über 30 Parks in Deutschland tätig werden. Wenn Sie sich für die freiwillige Mitarbeit in einem Nationalpark, Naturpark oder Biosphärenreservat interessieren, wenden Sie sich an EUROPARC Deutschland. Dort wird man Sie an den zuständigen Freiwilligenkoordinator vermitteln, mit dem Sie das weitere Vorgehen besprechen können:

EUROPARC Deutschland e.V.,
Bundesgeschäftsstelle
Pfalzburger St. 43/44, 10717 Berlin
Tel.: 030 / 288 78 82-0, Fax: 030 / 288 78 82-16
info@europarc-deutschland.de, www.ehrensache-natur.de

Für Verbraucherschützer
Als Senior-Scout Missstände aufdecken

Haben Sie sich auch schon mal darüber aufgeregt, dass Bedienungsanleitungen so schwer lesbar sind, weil sie klein gedruckt sind? Ärgern Sie sich darüber, dass Sie bestimmte elektronische Geräte nicht bedienen können, weil die Tasten zu klein sind? Finden Sie es lästig, dass Sie die Werbung vor lauter Fremdwörtern nicht mehr verstehen?

Die Wirtschaft entdeckt die Alten

Jahrzehntelang orientierte sich die Wirtschaft bei der Entwicklung von Konsumgütern und der Werbung dafür vor allem an der jungen Generation. Denn: Diese Zielgruppe galt als kaufkräftig und konsumfreudig.

Aufgrund der demografischen Entwicklung und der weiter steigenden Lebenserwartung gibt die Wirtschaft jedoch diese sehr einseitige Orientierung an der Jugend langsam auf. Kein Wunder: Laut einer Schätzung der Gesellschaft für Konsumforschung verfügt allein die Generation der über 60-Jährigen über eine jährliche Kaufkraft von 640 Milliarden Euro. Und konsumfreudig sind sie ebenfalls – jedenfalls hat der Großteil von ihnen kein Interesse daran, sein Geld zu horten. Wie das Deutsche Institut für Altersvorsorge herausgefunden hat, leben diejenigen, die heute 60 Jahre und älter sind, nicht mehr ausschließlich für ihre Kinder. Das unterscheidet sie von den Generationen vorher.

Die Bedürfnisse der Älteren berücksichtigen

Zunehmend versucht die Wirtschaft also, auch die älteren Konsumenten gezielt anzusprechen und Produkte zu entwickeln, die deren Bedürfnissen Rechnung tragen – aber nicht immer gelingt das so, wie es sich diese neue Zielgruppe wünschen würde.

„Wo alles nur auf Englisch draufsteht, das kaufe ich nicht."
Ursula D. (66), Senior-Scout

Leider: Immer noch werden viel zu häufig ältere Konsumenten zum Beispiel durch schlecht gestaltete Produkte oder schwer lesbare Aufschriften diskriminiert. Dahinter steckt nicht unbedingt böser Wille, sondern in den allermeisten Fällen schlicht die Unwissenheit der Anbieter. Was Älteren gefällt, welchen Service sie wünschen, womit sie Probleme haben – all das muss offenbar erst einmal erforscht werden.

Probleme aufspüren

Dabei können Sie helfen, indem Sie als so genannter „Senior-Scout" arbeiten. Mit Ihrem Einsatz können Sie dazu beitragen, dass in Zukunft immer mehr Produkte und deren Verpackungen, aber auch Dienstleistungen auf die Bedürfnisse älterer Menschen abgestimmt sind. Sie machen mit Ihrer Arbeit auf die spezifischen Probleme älterer Kunden aufmerksam.

Altersdiskriminierung

In regelmäßigen Abständen gehen Meldungen wie diese durch die Presse: „Immer wieder liegen den Verbraucherzentralen Fälle vor, bei denen Rentnern und Senioren keine Kredite bewilligt werden – und das nicht aufgrund ihrer finanziellen Situation, sondern einzig und allein wegen des Alters.

So erging es auch einem Rentner aus der Nähe von Kassel, der ein Finanzierungsangebot eines Großmarktes in Anspruch nehmen wollte. Eine 0%-Finanzierung für eine Digitalkamera wurde in einem Werbeprospekt angeboten. Als der Rentner aber den Kauf abwickeln wollte, hieß es: Kein Kredit für Rentner.

Viele Banken verzichten auf die Prüfung des Vermögens einzelner Senioren, da sie für einen Kredit zu alt sind. Das Risiko des Todesfalles ist ihnen zu groß. Immer wieder werden so ältere Kunden – völlig zu Unrecht – vor den Kopf gestoßen. Die Altersschwelle der Banken ist unterschiedlich und schwankt zwischen 59 und 72 Jahren. In einigen Fällen bekommen Rentner, trotz regelmäßigen Einkommens, keinen Kredit."

Falls Sie sich näher für dieses Thema interessieren, wenden Sie sich an das
Büro gegen Altersdiskriminierung e.V.
Piusstr. 15, 50823 Köln
Tel.: 0221 / 934 50 07
HanneSchweitzer@gmx.net, www.altersdiskriminierung.de

Senior-Scouts sind Marktforscher. Sie spüren Trends und Barrieren auf, die den Alltag der älteren Generation negativ beeinflussen. Mit ihnen wurden in den letzten Jahren zahlreiche Untersuchungen durchgeführt. So wurde zum Beispiel getestet, wie gut Wellness-Hotels und Kurorte auf ältere Menschen eingestellt sind. Es wurde untersucht, wie Banken ältere Menschen bei Geldanlagen beraten. Senior-Scouts haben geprüft, ob Fahrkartenautomaten leicht zu bedienen sind, oder haben Testkäufe in Baumärkten oder Elektroabteilungen von Kaufhäusern durchgeführt.

Bewerbung

Senior-Scout kann jeder werden, der zwischen 50 und 80 Jahre alt ist. Bei der Anmeldung müssen Sie einen recht umfangreichen Fragebogen ausfüllen, der Auskunft darüber geben soll, in welchen Projekten Sie später eingesetzt werden können.

Sind Sie einmal registriert, werden Sie zu unterschiedlichen Aktivitäten eingeladen. Das können folgende sein:

- Sie nehmen an Zusammenkünften teil.
- Sie nehmen an telefonischen Befragungen teil.
- Sie bearbeiten Test- und Fragebogen.
- Sie prüfen Produkte auf ihre Benutzerfreundlichkeit hin.
- Sie testen Dienstleistungen.

Für Ihre Mitarbeit erhalten Sie eine Aufwandsentschädigung.

Agentur für Generationen-Marketing

Die Idee der Senior-Scouts stammt von Andreas Reidl, dem Inhaber der Agentur für Generationen-Marketing in Nürnberg. Seine Agentur erstellt Studien im Auftrag der Wirtschaft. Dafür prüfen seit 2001 über 1.000 Senior-Scouts Produkte und Dienstleistungen.

Seit 2002 kooperiert die Agentur für Generationen-Marketing mit dem Deutschen Senioren-Ring e.V. Gemeinsam arbeiten sie an einem möglichst flächendeckenden Netzwerk von älteren Verbrauchern, die der Industrie, dem Handel und den Dienstleistern genau auf die Finger schauen.

Ansprechpartner

Wenn Sie Senior-Scout werden möchten oder sich für diese Initiative interessieren, wenden Sie sich an die
A.GE – Agentur für Generationen-Marketing
Königstr. 70, 90429 Nürnberg
Tel.: 0911 / 24 79 67 45 oder
Heinrichstr. 70, 45891 Gelsenkirchen
Tel.: 0209 / 939 45 660
info@generationen-marketing.de, www.generationen-marketing.de

Auch das Internetangebot *www.feierabend.de* sucht immer wieder Scouts, die Produkte, Dienstleistungen, Verkaufsräume, Online-Shops, Werbekampagnen, Werbemittel und anderes mehr auf ihre Tauglichkeit für ältere Menschen testen. Sie testen unter anderem auch Rundreisen, Kreuzfahrten, Hotels, Vergnügungsparks, Wohnanlagen, Küchen und Autos. Wer Interesse hat, kann sich unter *www.scouts.feierabend.de* bewerben.

Aus dem Alltag zweier Senior-Scouts

Der 72-jährige Othmar H. und seine 68-jährige Frau Inge arbeiten bereits seit fünf Jahren als Senior-Scouts. Heute lautet ihr Auftrag folgendermaßen: „Sie bekommen 100.000 Euro aus Ihrer Lebensversicherung ausgezahlt und wollen das Geld anlegen. Welche Bank bietet die besten Konditionen?" Otmar und Inge H. besuchen fünf Bankfilialen und machen dabei die unterschiedlichsten Erfahrungen. Mal gab es zu Kaffee und Keksen eine gute Beratung und eine ordentliche Rendite. Mal bot man den beiden Rentnern – kurz angebunden – lediglich die marktüblichen Sparbuchzinsen an. Zum Teil empfand Inge H. auch das Alter der Bankberater als unangenehm: „Man will über so etwas nicht mit einem 20-Jährigen sprechen."

Vieles von dem, was Inge und ihren Mann schon lange ärgert, entdecken die beiden bei ihren Touren für die Agenturen für Generationen-Marketing wieder und immer wieder neu. Doch seit sie als Senior-Scouts arbeiten, verpufft ihr Ärger über die alltägliche Altersdiskriminierung nicht mehr ungehört. So meint Inge: „Jetzt habe ich eine Möglichkeit, das auszudrücken."

Für Showtalente

Als Weihnachtsmann auftreten

Jedes Jahr im Dezember haben vor allem männliche Senioren gute Chancen, sich ein wenig Geld mit einer ungewöhnlichen Saisonarbeit hinzuzuverdienen – nämlich als Weihnachtsmann, Nikolaus oder Knecht Ruprecht.

Für diesen Nebenjob brauchen Sie keine besondere Ausbildung, nur ein wenig Talent zum Schauspielen und Spaß daran, auch vor einer großen Runde zu reden. Gefragt sind daneben auch eine gewisse Textsicherheit bei Weihnachtsliedern und -gedichten. Und natürlich sollten Sie sich gut mit den deutschen Weihnachts- und Nikolausbräuchen auskennen.

Auftritt bei Weihnachtsfeiern

Sie treten dann – mit Rauschebart und roter Mütze verkleidet – bei Nikolaus- und Weihnachtsfeiern auf, die in Familienkreisen, Vereinen oder Betrieben stattfinden können.

Honorar

Auch wenn man als Weihnachtsmann oder Nikolaus nicht reich wird, wird diese Tätigkeit bezahlt. Je nach Anfahrt, Einsatzort und Auftraggeber können die Männer mit den langen weißen Bärten mit etwa 30 Euro für einen Auftritt rechnen.

Ansprechpartner

Vermittelt werden diese Jobs beispielsweise von den Agenturen für Arbeit.

Neben den Arbeitsagenturen sind auch private Vermittler auf dem Markt tätig. Im ganzen Bundesgebiet sind kleine Agenturen zu finden, die Aufträge für Weihnachtsmänner vermitteln.

Eine dieser Agenturen – das Weihnachtsbüro – leitet Petra Henkert. Ihr Büro gehört übrigens zu den wenigen Agenturen, die auch Weihnachtsengel und Christkinder vermitteln. So bekommen hier sowohl Männer als auch Frauen die Gelegenheit, den Weihnachtsabend vieler Familien zu verschönern. Das Weihnachtsbüro bietet nicht nur in ganz Deutschland Einsätze, sondern auch in Österreich und in der Schweiz.

Wenden Sie sich für weitere Informationen an das
Weihnachtsbüro Agentur Petra Henkert (Zentrale)
15738 Zeuthen
Tel.: 0151 / 144 200 09 und 033762 / 91472, Fax: 033762 / 91774
info@weihnachtsbuero.de, www.weihnachtsbuero.de

Weihnachtsbüro Berlin
Glockenblumenweg 131a, 12357 Berlin
Tel.: 030 / 555 79 360

Zudem vermittelt „Das Weihnachtsmannbüro“ in Berlin seit über 10 Jahren deutschlandweit Nikoläuse, Knecht Ruprechte, Christkinder und Weihnachtsmänner.
Das Weihnachtsmannbüro
Akazienstr. 19, 10823 Berlin
Tel.: 030 / 692 039 24
kontakt@weihnachtsmannbuero.de, www.weihnachtsmannbuero.de

Für Weltoffene

Ausländische Studierende betreuen

Haben Sie Interesse, Kontakt zu jungen Menschen aufzubauen? Haben Sie Lust, ein bisschen Hochschulluft zu schnuppern? Möchten Sie zudem noch andere Kulturen näher kennenlernen? Dann ist der „Senior Service“, den das Seniorenbüro in Offenburg zusammen mit der dortigen Fachhochschule anbietet, genau das Richtige für Sie.

„Senior Service“

Das Ziel des Projekts „Senior Service“ ist es, ausländische Studierende während ihres Aufenthalts in Deutschland zu unterstützen, ihnen bei Problemen rund um das Studium beratend zur Seite zu stehen und ihnen die deutsche Kultur näherzubringen.

Integration erleichtern

Rund 60 ehrenamtliche Seniorinnen und Senioren leisten in diesem Projekt einen Beitrag dazu, dass sich junge Menschen in ihrer Stadt wohlfühlen. Sie stehen den ausländischen Studierenden als Kontakt- und Anlaufstelle zur Verfügung, bieten Sprachunterricht an, schaffen familiäre Beziehungen und erleichtern so die Integration ausländischer Studentinnen und Studenten. Über 150 Studierende aus den unterschiedlichsten Ländern werden durch das Team des „Senior Service" zurzeit betreut.

Ansprechpartner

Sind Sie näher an diesem Projekt interessiert? Dann melden Sie sich beim

Seniorenbüro Offenburg
Kornstr. 3, 77652 Offenburg
Tel.: 0781 / 822 222
seniorenbuero@offenburg.de, www.seniorenbuero-offenburg.de und www.offenburg.de/html/senior_service375.html

Bislang wird dieser Service nur in wenigen Hochschulstädten – wie etwa Bochum, Dortmund, Freiberg, Magdeburg, Rostock und Ulm – angeboten. Noch! Vielleicht haben Sie ja Lust, ein ähnliches Projekt in Ihrer Stadt zu initiieren. Die Freiwilligenagentur oder das Seniorenbüro (→ siehe Seite 178 f.) in Ihrer Nähe unterstützt Sie sicher gern.

Projekt: Sprache ist Brücke

Ein besonderes Projekt wird im sächsischen Freiberg umgesetzt. „Sprache ist Brücke" ist eine gemeinsame Initiative des Arbeitskreises Ausländische Studierende der TU Bergakademie Freiberg (AKAS), der Freiwilligenbörse im Freiberger Lichtpunkt e. V. und dem Internationalen Universitätszentrum der TU Bergakademie Freiberg (IUZ).

Die Initiative wendet sich an zwei Zielgruppen: an ausländische Studierende sowie Promovierende der TU Bergakademie Freiberg und an die Einwohnerinnen und Einwohner Freibergs und des Umlandes. Die Ziele des Projekts sind die Erhöhung des Studienerfolges ausländischer Studierender und die Förderung ihrer Integration in die deutsche Gesellschaft. „Sprache ist Brücke" schafft Möglichkeiten für interkulturelle Begegnung und Engagement.

Das Projekt besteht aus fünf Teilprogrammen, von denen folgende drei vom Engagement der Freiberger Bürgerinnen und Bürger getragen werden:

- das Sprachtutorenprogramm bietet engagierten Freibergern und Freibergerinnen die Möglichkeit, ausländischen Studierenden beim Korrekturlesen schriftlicher akademischer Arbeiten zu helfen,
- im Sprachpatenprogramm treffen sich die Ehrenamtlichen regelmäßig mit einem ausländischen Studierenden zum Deutschsprechen und für gemeinsame Freizeitaktivitäten und
- im Sprachtandemprogramm kommunizieren die Ehrenamtlichen und die internationalen Studierenden wechselseitig in ihren Sprachen.

Der Stifterverband der Deutschen Wissenschaft hat die Initiative „Sprache ist Brücke" mit der „Deutschen Hochschulperle" für den Monat Januar 2014 ausgezeichnet. Zudem erhielt das Projekt den Preis des Auswärtigen Amtes für exzellente Betreuung ausländischer Studierender an deutschen Hochschulen. Nähere Informationen finden Sie unter http://fwb-fg.de/sprache-ist-bruecke.

Für Weltenbummler ☙ Als Au-pair arbeiten

Haben Sie Lust, eine Zeit lang im Ausland zu leben? Möchten Sie Ihre Fremdsprachenkenntnisse verbessern? Können Sie sich vorstellen, für eine bestimmte Zeit Teil einer anderen Familie sein? Können Sie gut mit Kindern umgehen? Und sind Sie flexibel? Dann ist vielleicht ein Aufenthalt als Au-pair genau das Richtige für Sie!

Granny Aupair

Mit dem Begriff Au-pair verbindet man im Allgemeinen junge Frauen, die nach Abschluss der Schule für eine Zeit ins Ausland gehen, um eine fremde Sprache und Kultur, Land und Leute kennenzulernen. Vielleicht war genau das früher auch einer Ihrer Träume, der – aus welchen Gründen auch immer – nicht in Erfüllung gegangen ist. „Wenn nicht jetzt, wann dann?" lautet das Motto von Michaela Hansen. Die Hamburgerin hat im Februar 2010 die Agentur „Granny Aupair" gegründet, die Frauen ab 50 als Au-pair-Omas vermittelt.

„Das Fernweh packte mich immer sonntagnachmittags auf der Couch vor dem Fernseher bei einer Sendung, in der junge Au-pairs von einem Fernsehteam begleitet werden. Das habe ich immer ganz sehnsuchtsvoll geguckt und dachte: So wie mir geht es vielleicht auch anderen Frauen, die sich vital fühlen und neugierig sind." Michaela Hansen, die Gründerin von Granny Aupair

Nicht nur im Ausland

Mittlerweile gibt es neben Granny Aupair eine ganze Reihe von Agenturen, die auch ältere Menschen vermitteln. Die Ziele sind ganz unterschiedlich: Frankreich, Spanien, Österreich, Schweiz, aber auch Länder auf anderen Kontinenten wie die USA, Ägypten, Jordanien, Australien, Indien, Thailand oder Kambodscha.

„Indien war für mich viel mehr als nur eine Reise als Granny. Etwas schon lange verschütt Geglaubtes war plötzlich wieder da. Mut, und somit ein neues Selbstvertrauen, mich noch einmal auf den Weg zu machen, mein Leben neu zu organisieren. Herauszufinden, wo ich im Leben wirklich stehe, und vor allem, ob ich noch einmal über mich hinauswachsen kann."

Lucie F. (60), die als Au-pair sechs Monate in Indien war

Allerdings müssen Sie gar nicht unbedingt in die Ferne schweifen. Wenn es für Sie ein zu großes Abenteuer ist, ein paar Monate im Ausland zu leben, gibt es eine gute Alternative. Denn es werden auch Gastfamilien in Deutschland vermittelt. Und es kann ja durchaus reizvoll sein, für eine bestimmte Zeit in einer anderen deutschen Stadt zu leben.

Aufgaben

Getreu dem Au-pair-Gedanken wird erwartet, dass sich zwischen Ihnen und der Gastfamilie ein familiäres Verhältnis entwickelt. Das heißt, Sie leben in der Familie und sind Teil von ihr.

Die Aufgaben eines Au-pair sind in der Regel die Betreuung von Kindern und Arbeiten im Haushalt. Was genau auf Sie zukommt, richtet sich nach den konkreten Bedürfnissen Ihrer Gastfamilie.

Das alles regelt die Familie mit ihrer Au-pair-Großmutter ganz individuell. Genauso ist es mit der Dauer des Aufenthalts. Sie hängt darüber hinaus von den Visa-Bestimmungen ab, die in den einzelnen Ländern gelten.

Taschengeld

In der Regel erhalten Sie als Au-pair freie Kost und Logis sowie ein Taschengeld, über dessen Höhe Sie sich mit der Gastfamilie einigen. Die Reisekosten tragen Sie entweder selbst oder sie werden von der Gastfamilie übernommen.

Voraussetzungen

In der Regel wendet sich das Angebot an Frauen ab 50. Viele der Senior-Au-Pair haben selbst Kinder großgezogen. Sie sollten Lebenserfahrung, Mut, Toleranz, Flexibilität und auch ein gewisses Maß an Selbstbewusstsein mitbringen.

Damit der Aufenthalt gelingt, ist es wichtig, sich im Vorfeld klarzumachen, dass man in der Familie völlig neue und möglicherweise sehr andere Strukturen vorfindet, mit denen man sich arrangieren muss.

Die Kommunikation mit der potenziellen Gastfamilie wird in der Regel per E-Mail geführt. Hilfreich ist es auch, wenn Sie etwas Englisch sprechen oder Vorkenntnisse der Landessprache haben.

„Wir freuen uns sehr, dass es den meisten Frauen, die unterwegs waren, sehr gut gefallen hat und dass sie sehr glücklich sind, diese Erfahrung gemacht zu haben. Einige sind so begeistert zurückgekommen, dass sie sich schnell für einen weiteren Aufenthalt in derselben Familie oder bei einer anderen Familie in einem anderen Land interessieren." Michaela Hansen

Vermittlung

Am einfachsten ist die Suche nach einer passenden Stelle über eine Vermittlungsagentur. Zumeist müssen Sie für die Leistungen der Agentur eine Gebühr bezahlen. Bei Granny Aupair kostet eine Mitgliedschaft für drei Monate zum Beispiel 180 Euro. Dafür werden Sie aber auch persönlich betreut, es gibt regelmäßig Workshops und Infoveranstaltungen und alle Angebote werden auf Seriosität geprüft. Hier finden Sie eine Auswahl von Agenturen, die bei der Vermittlung von Au-pair-Stellen helfen:

www.granny-aupair.com (mit zahlreichen Erfahrungsberichten)
www.aupair-50plus.de
www.inwox.com/granny-aupair
www.au-pair-job.eu/nanny-granny
www.goodageaupair.de

„Ich wollte die Chance nutzen, in einem fremden Land zu leben und es aus der Sicht Einheimischer kennenzulernen. Ich fühle mich bei meiner Gastfamilie wie ein Familienmitglied. Wir unternehmen viel gemeinsam und schauen uns die Städte in der Umgebung an." Anke V. (61), die als Au-pair sechs Monate in Andalusien war

Auch Vermittlung anderer Tätigkeiten
Einige Agenturen vermitteln Frauen nicht nur in ausländische Gastfamilien. Sie vermitteln auch freiwillige Helferinnen für soziale Projektgruppen im Ausland sowie Gesellschafterinnen als Unterstützung bei der Betreuung von älteren Menschen oder auch als Housesitterinnen, die bei einer längeren Abwesenheit der Eigentümer deren Wohnung oder Haus und eventuell auch die daheimgebliebenen Haustiere hüten.

Ansprechpartner

Granny Aupair, Michaela Hansen
Osterstr. 58 (Haus der Zukunft), 20259 Hamburg
Tel.: 040 / 87 97 61 40, Fax: 040 / 87 97 61 37
info@granny-aupair.com, www.granny-aupair.com

Lesenswert

Michaela Hansen/Eva Goris: Als Granny Aupair in die Welt. Deutscher Taschenbuch Verlag, München 2013

Gründungsinitiativen begleiten

70 Prozent aller Existenzgründer geben ihr Unternehmen in den ersten drei Jahren wieder auf. Die Aktivsenioren Bayern wollen junge Gründer vor dem Scheitern bewahren und bieten deshalb ehrenamtlich und unentgeltlich ihre Hilfe an.

Ehemalige Unternehmer und Manager

Die Aktivsenioren aus München sind ein Verein von ehemaligen Unternehmern, Managern und Spezialisten mit fachlichen Schwerpunkten in Vertrieb, Unternehmensführung, Technik, Controlling, Finanzierung und Logistik. Den Verein gibt es bereits seit über 30 Jahren.

Die mehr als 300 Mitglieder des Vereins wollen ihre umfassende Berufs- und Lebenserfahrung an andere weitergeben. Sie sind an der Zusammenarbeit mit anderen Generationen interessiert und suchen alle nach dem Ausscheiden aus einem erfolgreichen Berufsleben nach einer sinnvollen Aufgabe.

Hilfe für Unternehmen

Die Aktivsenioren bieten Freiberuflern, kleinen bis mittleren Unternehmen, Vereinen und sonstigen Organisationen Hilfe bei der Existenzgründung sowie bei Unternehmenskrisen an.

Sie prüfen Unternehmenskonzepte, coachen Unternehmer, schlagen konkrete Maßnahmen vor. Sie helfen beim Erstellen eines Businessplans, bei Fragen der Finanzierung und des gewerblichen Rechtsschutzes, bei Gründungsformalitäten sowie in den Bereichen Marketing, Entwicklung, Fertigung, Einkauf, Personalwesen, Organisation, Prozessoptimierung, Controlling, Rechnungswesen etc.

Die Aktivsenioren Bayern gehörten 2010 zu den acht Preisträgern der Initiative „Deutschland – Land des Langen Lebens". Die Initiative zeichnet Projekte aus, die beispielhaft die Chancen des demografischen Wandels veranschaulichen. Nähere Informationen finden Sie unter www.zukunftsforum-langes-leben.de.

Alt hilft Jung

Die Aktivsenioren sind nur ein Beispiel für zahlreiche Vereine und Initiativen, in denen sich ältere Menschen unter dem Motto „Alt hilft Jung" ehrenamtlich im Bereich der Wirtschaft engagieren.

Allein in Nordrhein-Westfalen gibt es 18 solcher Initiativen, die sich unter dem Dach von „Go! Das Gründungsnetzwerk NRW" (*www.go.nrw.de*) zusammengeschlossen haben und in denen zurzeit rund 700 Senior-Coaches aktiv sind.

Neben den langjährigen Management-Erfahrungen schätzen die jungen Unternehmer, die sich beraten lassen, vor allem die guten Kontakte, die Senior-Coaches zur regionalen Wirtschaft haben. Die Existenzgründer sind in aller Regel äußerst dankbar für die kompetente Hilfe.

„Unseren Senior-Coach zeichnet besonders aus, dass er seine Erfahrung und sein Wissen mit jungen Unternehmern teilt, ohne jemals zu bevormunden. Stattdessen coacht er im Wortsinne – er macht junge Unternehmer stark für die Herausforderung des Marktes. Der Austausch mit einem so erfahrenen, menschlich integren und loyalen Partner hilft uns, den richtigen Weg für unsere Agentur zu finden und – was nicht immer einfach ist – ihn auch konsequent zu beschreiten."

Cornelia M. und Stefan N., Jungunternehmer aus Gelsenkirchen

Kosten

Die Begleitung durch einen ehrenamtlichen Senior-Coach ist für die jungen Unternehmer grundsätzlich honorarfrei. In der Regel werden lediglich Auslagen wie Fahrt- und Telefonkosten erstattet.

Ein Beispiel aus Hamburg

Auch Rita Mirliauntas berät Existenzgründer. Die 74-Jährige hat 25 Jahre lang ihr eigenes Reisebüro geführt.

„Das waren 25 hochinteressante Jahre. Was man da gelernt hat, sollte man weitergeben und nicht für sich behalten."
Rita Mirliauntas (71), die Existenzgründer berät

Heute ist sie Geschäftsführerin des Gründer-Kompetenz-Zentrums Hamburg, die mit ihrem Team zukünftige Unternehmer und Unternehmerinnen berät. Häufig werden nach den Ratschlägen der Senioren – und vor dem Besuch bei den Banken – ganze Konzepte verworfen und neu aufgebaut.

„Man muss ja nicht alles durchmachen. Wir können den jungen Leuten so manche bittere Erfahrung ersparen." Rita Mirliauntas

In 17 Jahren hat Rita Mirliauntas über 600 Gründer auf ihrem Weg begleitet. Angefangen hat sie mit der Beratungstätigkeit beim Hamburger Verein Wirtschafts-Senioren Beraten – Alt hilft Jung e.V.

Der Hamburger Verein besteht bereits seit 25 Jahren. Im Laufe der Zeit wurden hier weit über 13.000 Anfragen bearbeitet.

Die Senioren in Hamburg geben dabei im Übrigen nicht nur ihre lebenslange Erfahrung weiter, sie bringen auch ihr Wissen beständig auf den neusten Stand. Sie organisieren regelmäßig Vorträge und Seminare mit Referentinnen und Referenten aus Banken, Wirtschaftsvereinigungen, der Verwaltung und der Politik – damit die Vereinsmitglieder über alle aktuellen Entwicklungen informiert sind.

Ansprechpartner

Wenn Sie sich für eine Tätigkeit als Senior-Coach interessieren, können Sie sich an die Bundesarbeitsgemeinschaft der Wirtschafts-Senioren wenden. Auf der Homepage *www.althilftjung.de* finden Sie Adressen zu Initiativen in den einzelnen Bundesländern.

Industrie- und Handelskammer

Viele dieser Initiativen arbeiten eng mit den Industrie- und Handelskammern oder den Wirtschaftsförderungsgesellschaften der Region zusammen. Falls Sie an einer Tätigkeit als Senior-Coach interessiert sind, können Sie auch dort nachfragen.

Links

Hier finden Sie eine kleine Auswahl von „Alt-hilft-Jung"-Initiativen:

- Alt hilft Jung Sachsen-Anhalt e.V., *www.ahj-sachsenanhalt.de*
- Alt hilft Jung Thüringen e.V., *www.thex.de/althilftjung*
- Aktivsenioren Bayern e.V., *www.aktivsenioren.de*
- Alt hilft Jung Bayern e.V., *www.alt-hilft-jung.de*
- Alt hilft Jung NRW e.V., *www.althilftjung-NRW.de*
- Berliner Beratungsdienst e.V., *www.bbdev.de*
- Wirtschafts-Senioren Osnabrück e.V., *www.wirtschafts-senioren-os.de*
- Erfahrung Unterstützt Lebendige Existenzgründung – E.U.L.E. e.V., *www.eule-mainz.de*
- Bremer Senioren Service e.V., *www.existenzgruendung-bremen.de*
- Senioren helfen Junioren Baden-Württemberg e.V., *www.shj-beratung.de*
- Die Wirtschafts-Paten RheinMain e.V., *www.wirtschaftspaten.de*
- Alt hilft Jung Wirtschaftssenioren Hannover e.V., *www.wirtschafts-senioren.de*
- Wirtschafts-Senioren Beraten – Alt hilft Jung e.V. (Hamburg), *www.wirtschafts-senioren-beraten.de*
- Wirtschafts-senioren Region Braunschweig e.V., *www.wirtschaftssenioren-region-braunschweig.de*

Für Verbindliche Freiwilligendienst leisten

Möchten Sie sich in einer festen Form engagieren? Haben Sie Lust, sich bei Ihrem Engagement für eine bestimmte längere Zeit zu binden? Ist es Ihnen wichtig, an Weiterbildungen teilzunehmen? Dann versuchen Sie es doch mit dem Bundesfreiwilligendienst.

Bundesfreiwilligendienst

Der Bundesfreiwilligendienst kommt für alle infrage, die sich mindestens 20 Stunden pro Woche engagieren möchten. Dieser Dienst ist im Juli 2011 gestartet und ist eine Weiterentwicklung des Zivildienstes.

Voraussetzungen

Ob jung oder alt: Alle, die ihre Schulpflicht erfüllt haben, können sich im Bundesfreiwilligendienst engagieren.

Der Bundesfreiwilligendienst bietet eine große Spannbreite von Tätigkeiten im sozialen Bereich, aber auch im Umwelt- und Naturschutz, im Sport, in der Integration, Kultur- und Denkmalpflege, Bildung sowie im Zivil- und Katastrophenschutz. Einsatzstellen finden Sie auf der Internetseite *www.bundesfreiwilligendienst.de.*

Dauer

Das Engagement dauert zwischen sechs und 18 Monaten. In der Regel sind es zwölf Monate, in Ausnahmefällen sind auch 24 Monate möglich. Dabei ist der Dienst grundsätzlich vergleichbar mit einer Vollzeitbeschäftigung. Es ist aber auch eine Teilzeitbeschäftigung möglich. Dann verpflichten Sie sich für mindestens 20 Wochenstunden.

„Die Arbeit ist sehr vielseitig und ich erfahre viel. Von diesem Job werde ich eine Menge mitnehmen."

Ursula F. (58), Bundesfreiwillige in der Volkshochschule Leipzig

Die Freiwilligen werden während ihres Engagements fachlich angeleitet und es gibt Seminare, in denen soziale, kulturelle und interkulturelle Kompetenzen vermittelt werden. Am Ende ihrer Einsatzes erhalten sie ein Zertifikat.

Die Freiwilligen werden gesetzlich sozialversichert. Das Taschengeld und weitere Leistungen werden mit den Trägern vereinbart. Derzeit gilt eine Höchstgrenze von 363 Euro pro Monat. Außerdem können Freiwillige und Einsatzstelle vereinbaren, dass Dienstkleidung, Verpflegung und Unterkunft gestellt wird.

„Für mich war immer schon klar, dass ich etwas Sinnvolles tun will, etwas, das anderen Menschen hilft. Schließlich habe ich keine Enkel zu versorgen und bin auch anderweitig nicht gebunden. Das Gefühl gebraucht zu werden lässt mich gar nicht erst auf dumme Gedanken kommen, welche Wehwehchen ich habe könnte.“

Gabriele P. (70), Bundesfreiwillige in der „Villa Albrecht“, einer geriatrischen Tagespflege und Wohngemeinschaft für Menschen mit Demenz des Berliner Roten Kreuzes

Nähere Informationen gibt es beim:
Bundesamt für Familie und zivilgesellschaftliche Aufgaben
Sibille-Hartmann-Str. 2-8, 50969 Köln
Tel.: 0221 / 367 30
info@bundesfreiwilligendienst.de, www.bundesfreiwilligendienst.de

Freiwilligendienste im Ausland

Falls Sie sich für Freiwilligendienste im Ausland interessieren, wenden Sie sich an den
Arbeitskreis "Lernen und Helfen in Übersee" e.V. (AKLHÜ)
Meckenheimer Allee 67-69, 53115 Bonn
Tel.: 0228 / 908 99-10, Fax: 0228 / 908 99-11
aklhue@entwicklungsdienst.de, www.entwicklungsdienst.de

Für Experten der Freiwilligenarbeit

Als *senior*Trainer Engagement fördern

Sie haben in Ihrem Beruf viel Verantwortung getragen? Sie waren sehr eigenständig tätig und haben zahlreiche Entscheidungen getroffen? Sie haben Projekte angeschoben und Ideen verwirklicht? Sie haben Mitarbeiter geführt und motiviert? Sie haben ein breites Netz von Kontakten in Ihrer Kommune? Warum lassen Sie sich dann nicht zum *senior*Trainer weiterbilden?

„Durch die Qualifizierung zur seniorTrainerin hat mein bürgerschaftliches Engagement eine neue Qualität und einen neuen Zuschnitt bekommen. Das äußert sich zum Beispiel in mehr Selbstvertrauen und Mut zu größeren Projekten und in einer größeren Wertschätzung meiner ehrenamtlichen Tätigkeit.“ Renate B., *senior*Trainerin aus Rostock

Multiplikatoren für freiwilliges Engagement

*senior*Trainerinnen und *senior*Trainer sind Menschen, die ihre vielfältigen Erfahrungen aus dem Berufs- und Familienleben ehrenamtlich gemeinnützigen Initiativen und Vereinen zur Verfügung stellen oder eigene Initiativen gründen. Sie sind Multiplikatoren für freiwilliges Engagement. Das heißt, sie engagieren sich nicht nur im traditionellen Ehrenamt innerhalb von bestehenden Organisationen, sondern sie nutzen ihre Kompetenzen und Fähigkeiten, um ihr Engagement selbst zu gestalten.

Vielfältige Aufgaben

*senior*Trainer setzen neue Impulse in der Freiwilligenarbeit:

- Sie greifen mit ihrem Engagement vernachlässigte Bereiche und Bedürfnisse in ihren Kommunen auf.
- Sie entwickeln Projektideen, sie stoßen neue Projekte an, sie bauen Gruppen oder Initiativen auf.

- Sie unterstützen und beraten bestehende Freiwilligenorganisationen und gemeinnützige Einrichtungen, Initiativen, Vereine und Selbsthilfegruppen (bei der Lösung von Konflikten, bei Organisations- und Finanzierungsfragen, bei der Gewinnung von freiwillig Engagierten etc.).
- Sie begeistern andere Menschen für ihre Ideen und motivieren andere, sich freiwillig zu engagieren.
- Sie fördern das freiwillige Engagement in ihrer Kommune, zum Beispiel durch die Organisation von Bürgerschaftsrunden, die Gründung von Seniorenbeiräten etc.

EFI-Programm

Im Rahmen des Bundesmodellprogramms „Erfahrungswissen für Initiativen" (kurz: EFI), das von 2002 bis 2006 vom Bundesfamilienministerium finanziell gefördert wurde, konnten ältere Menschen an einer Fortbildung zum *senior*Trainer teilnehmen.

Das Modellprogramm des Bundes endete im Jahr 2006. Heute wird es von den Bundesländern und in Eigenverantwortung einzelner Kommunen weitergeführt.

Über 4.000 seniorTrainer

Seit 2002 haben mehr als 4.000 Ältere aus über 135 Städten und Kreisen in Deutschland an *senior*Trainerinnen-Fortbildungen teilgenommen und engagieren sich in vielfältiger Weise in ihren Gemeinwesen. Die Bundesarbeitsgemeinschaft *senior*Trainerin fördert die Vernetzung der Aktivitäten in den einzelnen Ländern.

Vielfältige Projekte

Die *senior*Trainer haben in den letzten Jahren Tausende Freiwilligenprojekte betreut oder neu gegründet. Diese Projekte sind ungeheuer vielfältig. Das Spektrum des Engagements reicht von Aktivitäten im sozialen Bereich bis hin zu innovativen Projektideen im Bereich Kultur oder

Politik. Jeder *senior*Trainer entdeckt in seiner Kommune neue Bereiche des Ehrenamtes. Jeder setzt andere Ideen um – mit Erfolg.

„Erfolg ist für mich, Kontakte zu vielen Menschen, sowohl zu Bürgern als auch Entscheidungsträgern, zu knüpfen. Erfolg sind die vielen kleinen Dinge, Ideen und Projekte, die angestoßen und umgesetzt werden konnten. Erfolg ist die Anerkennung und Akzeptanz meines Engagements seitens der Kommune und der Bürgerinnen und Bürger, für die ich mich einsetzen kann." Werner T., *senior*Trainer aus Kaiserslautern

Fortbildung

Die Weiterbildung zum *senior*Trainer wird von lokalen Einrichtungen oder überregionalen Bildungsinstitutionen angeboten. Sie basiert auf einem eigens dafür entwickelten und erprobten Kurskonzept.

„Ich bekam ein gutes Fundament, um in verschiedenen Projekten zu arbeiten. Ich fühle mich sicherer als seniorTrainerin. Es bedeutet, einer Gemeinschaft von Gleichgesinnten anzugehören." Marianne S., *senior*Trainerin aus Ludwigshafen

Der Kurs umfasst etwa 50 Stunden. In der Regel erfolgt die Weiterbildung an acht Kurstagen innerhalb von sechs Wochen. Hinzu kommt die sogenannte „Erfahrungsphase" – eine Art Praktikum –, während derer die Teilnehmer bei Vereinen, Initiativen und Einrichtungen ihrer Kommune hospitieren. Sie dauert in der Regel ca. 14 Tage.

Die Kursteilnehmerinnen und Kursteilnehmer lernen während der Fortbildung das bürgerschaftliche Engagement in ihrer Kommune kennen: die Rahmenbedingungen, die Strukturen, die Trägerschaften etc.

Es gibt Unterrichtseinheiten zu Themen wie „Initiativen beraten", „Projekte entwickeln", „Netzwerke aufbauen",

„Teams koordinieren“, „Konflikte lösen“, „Öffentlichkeitsarbeit organisieren“ und „Sponsoren suchen“.

„Gelernt habe ich zuzuhören. Dies ist etwas, was mir eigentlich schwerfällt! Der Kontakt und die Kommunikation mit Menschen fallen mir leicht. Die seniorTrainer-Kurse haben mir geholfen, diese Fähigkeit zu verbessern. Auch habe ich gelernt, Verantwortung abzugeben und als Teamplayer das Wissen und die Erfahrungen meiner Kolleginnen und Kollegen zu akzeptieren und zu schätzen.“ Werner T., *senior*Trainer aus Kaiserslautern

Nach Abschluss der Weiterbildung erhalten die *senior*Trainerinnen ein Zertifikat. Es dient als Identitäts- und Weiterbildungsnachweis.

Ansprechpartner

Sind Sie an einer Tätigkeit als *senior*Trainer interessiert? Nähere Informationen erhalten Sie bei der
Bundesarbeitsgemeinschaft *senior*Trainerin
Stefan Bischoff
Tel.: 0171 / 141 90 68
info@seniortrainer.net, http://seniortrainer.net

Oder wenden Sie sich direkt an die Ansprechpartner in den Bundesländern, die das Programm weiterleben lassen.
http://efi-bayern.de (Bayern)
www.seniortrainer-hamburg.de (Hamburg)
www.seniorenring-mv.de (Mecklenburg-Vorpommern)
www.efi-bielefeld.de (Nordrhein-Westfalen)
www.seniortrainer-rlp.de (Rheinland-Pfalz)
www.seniortrainer-sh.de (Schleswig-Holstein)

In einigen Länder läuft ein vergleichbares Programm unter dem Namen "Engagement-Lotse":
www.gemeinsam-aktiv.de (Hessen)
www.freiwilligenserver.de – unter Freiwilligenakademie (Niedersachsen)

Kompetente Ansprechpartner und gute Informationsquellen

Verbände und Organisationen

Bundesarbeitsgemeinschaft der Freiwilligenagenturen e.V.
Die Bundesarbeitsgemeinschaft der Freiwilligenagenturen (bagfa) ist der Dach- und Fachverband der über 500 Freiwilligenagenturen in Deutschland. Die kommunalen Freiwilligenagenturen, -zentren und -börsen sind die idealen Ansprechpartner für all diejenigen, die sich ehrenamtlich engagieren wollen. Sie beraten und informieren über mögliche Einsatzfelder und vermitteln Interessierte in die verschiedenen Tätigkeitsbereiche. Zudem beraten die Freiwilligenagenturen auch Vereine, Projekte und Initiativen.

Bundesarbeitsgemeinschaft der Freiwilligenagenturen e.V.
Potsdamer Str. 99, 10785 Berlin
Tel.: 030 / 204 533 66, Fax: 030 / 280 946 99
bagfa@bagfa.de, www.bagfa.de

→ Nähere Informationen über die Arbeit der Freiwilligenagenturen finden Sie im Interview ab Seite 69.

Bundesarbeitsgemeinschaft der Senioren-Organisationen e.V.
Die Bundesarbeitsgemeinschaft der Senioren-Organisationen (BAGSO) ist ein Dachverband von über 100 bundesweit tätigen Verbänden, Vereinen und Initiativen. Sie tritt als Interessenvertretung der älteren Generationen in Deutschland auf. Darüber hinaus setzt sie sich dafür ein, dass auch alte Menschen die Chance haben, sich aktiv am gesellschaftlichen Leben zu beteiligen. In den Verbänden, die bei der BAGSO organisiert sind,

findet man Ansprechpartner, die den Weg ins freiwillige Engagement weisen können.

Bundesarbeitsgemeinschaft der Senioren-Organisationen e.V.
Bonngasse 10, 53111 Bonn
Tel.: 0228 / 249 993-0, Fax: 0228 / 249 993-20
kontakt@bagso.de, www.bagso.de

Bundesarbeitsgemeinschaft SELBSTHILFE

Die BAG SELBSTHILFE e.V. – Bundesarbeitsgemeinschaft SELBSTHILFE von Menschen mit Behinderung und chronischer Erkrankung und ihren Angehörigen ist der Dachorganisation von 116 bundesweit tätigen Selbsthilfeorganisationen.

Bundesarbeitsgemeinschaft SELBSTHILFE e.V.
Kirchfeldstr. 149, 40215 Düsseldorf
Tel.: 0211 / 310 06-0, Fax: 0211 / 310 06-48
info@bag-selbsthilfe.de, www.bag-selbsthilfe.de

Bundesarbeitsgemeinschaft Seniorenbüros e.V.

Die Bundesarbeitsgemeinschaft Seniorenbüros (BaS) ist ein Zusammenschluss der Träger von Seniorenbüros. Die BaS fördert das freiwillige Engagement älterer Menschen im Rahmen der Seniorenbüros und qualifiziert die Beteiligten. Die BaS bietet Fachberatung für die Entwicklung von Seniorenbüros und unterstützt die Vernetzungsarbeit der Seniorenbüros untereinander. Die rund 355 Seniorenbüros in Städten, Kommunen und Landkreisen sind gute Ansprechpartner für alle älteren Menschen, die auf der Suche nach neuen Gestaltungsmöglichkeiten sind.

Bundesarbeitsgemeinschaft Seniorenbüros e.V.
Bonngasse 10, 53111 Bonn
Tel.: 0228 / 61 40-74, Fax: 0 228 / 61 40-60
bas@seniorenbueros.org, www.seniorenbueros.org

→ Nähere Informationen über die Arbeit der Seniorenbüros finden Sie im Interview ab Seite 45.

Bundesnetzwerk Bürgerschaftliches Engagement

Das Bundesnetzwerk Bürgerschaftliches Engagement (BBE) ist ein Zusammenschluss von Akteuren aus Bürgergesellschaft, Politik und Wirtschaft. Das Netzwerk hat sich die Aufgabe gestellt, das bürgerschaftliche Engagement in allen seinen Formen und allen gesellschaftlichen Bereichen – wie Soziales, Gesundheit, Sport, Kultur, Bildung und Wissenschaft, Umwelt, Hilfs- und Rettungsdienste, Selbsthilfe, gesellschaftspolitische Beteiligung, Stiftungsaktivitäten und unternehmerisches bürgerschaftliches Engagement – zu fördern. Es will die rechtlichen, organisatorischen und finanziellen Rahmenbedingungen für bürgerschaftliches Engagement verbessern.

Bundesnetzwerk Bürgerschaftliches Engagement (BBE)
Michaelkirchstr. 17–18, 10179 Berlin
Tel.: 030 / 629 80-110, Fax: 030 / 629 80-151
info@b-b-e.de, www.b-b-e.de

Nationale Kontakt- und Informationsstelle für Selbsthilfegruppen (NAKOS)

Die Nationale Kontakt- und Informationsstelle zur Anregung und Unterstützung von Selbsthilfegruppen (NAKOS) ist die bundesweite Aufklärungs-, Service- und Netzwerkeinrichtung im Feld der Selbsthilfe in Deutschland. Eine ihrer zentralen Aufgaben ist es, Selbsthilfegruppen und an Selbsthilfe interessierte Bürgerinnen und Bürger aufzuklären, zu informieren und Kontakte zu vermitteln.

Nationale Kontakt- und Informationsstelle zur Anregung und Unterstützung von Selbsthilfegruppen (NAKOS)
Otto-Suhr-Allee 115, 10585 Berlin
Tel.: 030 / 310 189 60, Fax: 030 / 310 189 70
selbsthilfe@nakos.de, www.nakos.de

Stiftung Bürger für Bürger

Die Stiftung Bürger für Bürger ist ein unabhängiges und deutschlandweit arbeitendes Kompetenzzentrum für Fragen zum Thema ehrenamtliches Engagement. Sie hat sich zum Ziel gesetzt, das bürgerschaftliche Engagement in seiner Vielfalt zu stärken und dazu beizutragen, die Bedeutung dieses Engagements für die demokratische Gesellschaft und die einzelnen Menschen in der Öffentlichkeit stärker sichtbar zu machen.

Stiftung Bürger für Bürger
Mauerstr. 93, 10117 Berlin
Tel.: 030 / 23 47 01 31
info@buerger-fuer-buerger.de, www.buerger-fuer-buerger.de

Stiftung MITARBEIT

Die Stiftung MITARBEIT versteht sich als Servicestelle für das bürgerschaftliche Engagement außerhalb von Parteien und großen Verbänden. Im Internet stellt sie eine interessante Materialsammlung bereit sowie den „Wegweiser in die Bürgergesellschaft“ mit Tipps für alle, die sich für ein Engagement interessieren.

Stiftung MITARBEIT, Bundesgeschäftsstelle
Ellerstr. 67, 53111 Bonn
Tel.: 0228 / 604 24-0, Fax: 0228 / 604 24-22
info@mitarbeit.de, www.mitarbeit.de

Weiterführende Internetseiten

www.bmfsfj.de
Auf der Homepage des Bundesministeriums für Familie, Senioren, Frauen und Jugend (BMFSFJ) finden Sie unter dem Stichwort „Freiwilliges Engagement" die Vorstellung aktueller Programme (zum Beispiel: Mehrgenerationenhäuser, Bundesfreiwilligendienst und „Engagement stärken").

www.erfahrung-ist-zukunft.de
„Erfahrung ist Zukunft" ist ein Service- und Ratgeberportal der Bundesregierung. Es informiert über Chancen und Perspektiven einer älter werdenden Gesellschaft und will Impulse für ein aktives und engagiertes Leben jenseits der 50 geben.

www.engagiert-in-deutschland.de
Auf diesem Portal für bürgerschaftliches Engagement finden Sie umfassende Informationen, falls Sie sich ehrenamtlich engagieren möchten.

www.freiwilligendatenbank.de
Die Freiwilligendatenbank der Aktion Mensch bietet einen ausgezeichneten Überblick darüber, auf wie vielfältige Weise man sich ehrenamtlich engagieren kann.

www.senioren-initiativen.de
Zusammen mit dem Bundesministerium für Familie, Senioren, Frauen und Jugend hat die Bundesarbeitsgemeinschaft Seniorenbüros hier eine Datenbank entwickelt, die einen Überblick über die vielfältigen Formen freiwilligen Engagements von älteren Menschen bietet. Über 1.200 Projekte und Initiativen können nach Themenschwerpunkten, Aktivitäten oder Zielgruppen durchsucht werden, aber auch nach den Orten, an denen sie angeboten werden. Hier finden Sie leicht die richtigen Ansprechpartner einer Initiative in Ihrer Nähe.

In allen Bundesländern gibt es Netzwerke und Initiativen zur Förderung des bürgerschaftlichen Engagements. Auf deren Websites können Sie sich über Möglichkeiten und Formen des Engagements informieren:

- Baden-Württemberg: *www.ehrenamt-bw.de*
- Bayern: *http://wir-fuer-uns.de*
- Berlin: *www.aktiv-in-berlin.info* und *www.berlin.de/buergeraktiv*
- Brandenburg: *http://ehrenamt-in-brandenburg.de*
- Bremen: *www.buergerengagement.bremen.de*
- Hamburg: *www.engagement.hamburg.de*
- Hessen: *www.gemeinsam-aktiv.de*
- Mecklenburg-Vorpommern: *www.netzwerk-mv.net*
- Nordrhein-Westfalen: *www.engagiert-in-nrw.de*
- Niedersachsen: *www.freiwilligenserver.de*
- Rheinland-Pfalz: *www.wir-tun-was.de*
- Saarland: *www.pro-ehrenamt.de*
- Sachsen: *www.wir-fuer-sachsen.de*
- Sachsen-Anhalt: *www.engagiert-in-sachsen-anhalt.de*
- Schleswig-Holstein: *www.ehrenamt-sh.de*
- Thüringen: *www.thueringer-ehrenamtsstiftung.de*

Literatur

- Silvia Bovenschen: Älter werden. Notizen, S. Fischer, Frankfurt a. M. 2006
- Simone de Beauvoir: Das Alter, Rowohlt, Reinbek 2000
- Michaela Hansen/Eva Goris: Als Granny Aupair in die Welt. Deutscher Taschenbuch Verlag, München 2013
- Ursula Lehr: Psychologie des Alterns, Quelle & Meyer, Heidelberg 2007
- Elisabeth Niejahr: Alt sind nur die anderen. So werden wir leben, lieben und arbeiten, S. Fischer, Frankfurt a. M. 2007
- Henning Scherf: Grau ist bunt. Was im Alter möglich ist, Herder, Freiburg i. Br. 2014
- Ursula von der Leyen (Hg.): Füreinander da sein, miteinander handeln. Warum die Generationen sich gegenseitig brauchen, Herder spektrum, Freiburg i. Br. 2007